أُحِبُّ العَرَبيَّة

منهج متكامل للصغار والناشئين الناطقين باللغات الأخرى

كتابُ الطالب

الصف الأول المتوسط (السابع)

سلسلة ألَّفَها بتكليف من
مَكتب التربية العَرَبي لدول الخَليج
ناصِف مصطفى عبد العزيز

الطبعة الثالثة
مكتب التربية العربي لدول الخليج
الرياض ٤١
MW01706022

ⓒ فهرسة مكتبة الملك فهد الوطنية :

مكتب التربية العربي لدول الخليج

عبد العزيز، ناصف مصطفى

أحب العربية: كتاب التلميذ السابع /

ناصف مصطفى عبد العزيز ،

الرياض، ١٤٣٣هـ.

١٨٨ ص ؛ ٢١ × ٢٨ سم.

ردمك : ٨-٤٥٥-١٥-٩٩٦٠-٩٧٨

١- اللغة العربية - تعليم

أ.العنوان

ديوي: ٤١٠,٧ ٦٦٩٢ / ١٤٣٣

رقم الإيداع: ٦٦٩٣ / ١٤٣٣

ردمك: ٨-٤٥٥-١٥-٩٩٦٠-٩٧٨

بسم الله الرحمن الرحيم

Distributed by

Tarbiyat Al-Ghad Bookshop

P.O. Box. 325338
Tel. (00966) 11 2084244
Mobile: 00966 503421124
Mobile: 00966 505446480
Riyadh - 11371
Saudi Arabia

يطلب من

مكتبة تربية الغد

ص . ب ٣٢٥٣٣٨
هاتف: ٢٠٨٤٢٤٤ ١١ (٠٠٩٦٦)
جوال: ٥٠٣٤٢١١٢٤ ٠٠٩٦٦
جوال: ٥٠٥٤٤٦٤٨٠ ٠٠٩٦٦
الرياض ١١٣٧١
المملكة العربية السعودية

http://books.ghadcom.com
alghad@abegs.org

مقدمة

انطلاقاً من الأهداف الأساسية لمكتب التربية العربي لدول الخليج، والتي من بينها «النهوض باللغة العربية»، وذلك بالعمل على تسهيل قواعدها، وتيسير طباعتها، وتحسين أساليب تدريسها، ومواصلة الجهود لنشرها في البلاد العربية، وخارجها أصدر المكتب بتوفيق من الله سبحانه وتعالى سلسلة «أحب العربية» لمرحلتي الروضة والتمهيدي والصفوف من (١-٦) وهي أول محاولة متكاملة تتصدى لتعليم اللغة العربية للأطفال غير الناطقين بها، دون الاستعانة بلغة وسيطة.

وفي نطاق المتابعة الميدانية للسلسلة تخطيطًا وتجديدًا، استشعر المكتب ضرورة أن تغطي السلسلة الصفوف من (٧-٩) ليواصل الطلاب التقدم في تعليم اللغة العربية وإننا إذ نقدم هذا العمل الجديد، نسجل خالص الشكر والتقدير لموزع إصدارات المكتب "مكتبة تربية الغد" التي قامت بتمويل هذه المرحلة تأليفًا وإخراجًا وطباعة، إسهامًا منها في خدمة اللغة العربية.

ومكتب التربية العربي لدول الخليج، وهو يقدم كتب هذه المرحلة إلى محبي اللغة العربية، يؤكد أن جهوده لن تتوقف عند هذا الحد، ولكنها ستظل منطلقة إلى كل ما من شأنه أن يفيد اللغة العربية، ويساعد على انتشارها.

والله الموفق .

د. علي بن عبد الخالق القرني
المدير العام
لمكتب التربية العربي لدول الخليج

فهرس الوحدات والدروس

الفَصلُ
الدِّراسِيُّ الأوَّل

القسم الأول

الدرس ١ المَدينةُ والقَرْيَة

قبل القراءة الأولى

١ أجب.

- ١- هَل تسكنُ في المدينَةِ / القَريَة؟
- ٢- ماذا تَرى في المدينَة؟ وماذا تَرَى في القَرية؟
- ٣- لِمَ لا يُحبُّ بعضُ الناسِ الحياةَ في المدينة؟
- ٤- لِمَ لا يَستطيعُ النّاسُ أن يستغنوا عَن القَريَة؟

٢ اقرأ.

المعلمة: هَيّا نتكلَّمْ عَنِ المدينَةِ والقَرية.

أريدُ فَريقَيْن: الأوَّلُ يتكوَّنُ مِن أرْبَعَةِ طُلاّب، والثاني يتكوَّنُ مِن أربَع طالباتٍ.

طالبة: نحْنُ نتكلَّمُ عَنِ المدينَة.

المعلِّمةُ: يتكلَّمُ الطُّلابُ عَنِ القَريَةِ، وتَتَكلَّمُ الطّالبَاتُ عَنِ المدينَةِ. اِبْدأْ أنت.

طالب ١: في القريةِ بُيوتٌ صَغيرةٌ وَقليلَة، وَشوارعُ ضَيِّقَةٌ وخاليَة.

المعلِّمةُ: مَن تَرُدُّ علَيْهِ؟

طالبة ١: في المدينةِ عماراتٌ كبيرةٌ وعاليةٌ، وشوارعُ واسِعةٌ ومُزْدَحِمَةٌ بالنّاسِ والسَّيّارات.

المعلِّمةُ: أحْسَنْتُما. نَنْتقِلُ إلى فِكْرةٍ جَديدَة ... الطالبُ الثّاني. دَوْرُك.

المَدينَةُ وَالقَرْيَة

طالب ٢: في القرْيَةِ مَزارِعُ فيها بقرٌ وغنَمٌ وحَميرٌ وخيْل، وحظائِرُ لتربيةِ الطُّيورِ كالدّجاجِ والبطِّ والوزّ. والماشِيةِ كالبقرِ والجاموسِ والغنَم.

طالبة ٢: في المدينَة سيّاراتٌ وَحافِلاتٌ وَشاحِناتٌ وقطاراتُ أنفاقٍ، ومَدارسُ وشركاتٌ ومصانعُ وَنوادٍ رياضيَّةٌ، وأماكنُ للتَّسليَةِ كدورِ السّينما ومُدُنِ الألعابِ والسّيرك وحدائِق الحيَوان.

المعلِّمةُ: أحْسَنْتِ. من سَيَتكلَّمُ الآنَ؟

طالب ٣: هَواءُ القرْيَةِ نقيٌّ وَصِحّيٌّ، وأشجارُها خَضْراءُ، وَرائِحتُها طيِّبَةٌ، وَهِيَ تَمتازُ بالهُدوء.

طالبة ٣: هَواء المدينةِ مُلوَّثٌ بدُخانِ المصانِع، وعَوادِمِ السَّياراتِ، والضَّوضاء.

المعلِّمةُ: هذا صحيح. الآنَ المتكلِّمُ الرابعُ والأخير في كلِّ فَريق.

طالب ٤: القَرية تُقدِّمُ للنّاسِ القَمْحَ الّذي يَصنعونَ منْهُ الخُبزَ، والخَضراواتِ والفواكِهَ واللُّحوم.

طالبة ٤: والمدينةُ تُعطي النّاسَ المصنوعاتِ المُختلفَةَ كالملابِسِ والأدواتِ المنزليَّة والسَّياراتِ وغيْرِها.

المعلِّمةُ: نَعَم. القَرْيَةُ تحتاجُ إلى المدينَةِ، والمدينَةُ لا تَستغْني عَنِ القرْيَةِ. بعْدَ أن استمعْنا إلى هَذِهِ المناقشَةِ الشَّفهيَّةِ هيّا نكْتُبْ موضوعًا في نحو مائةِ كلمَة.

H.W

٣ صِل بَيْنَ الكلمة والشّرح أو التّعريف:

١- خالِيَةٌ	أ- قطيعٌ مِنَ الخرفانِ والماعِز
٢- غَنَمٌ	ب- فارغَةٌ لا زحْمَةَ فيها
٣- خَيْلٌ	ج- مُتَّسِخٌ
٤- نقِيٌّ	د- جَماعةُ الأفراسِ/الأحْصِنَة
٥- مُلوَّثٌ	هـ- نظيفٌ

٤ هات من الحوار مرادف كل كلمة مما يأتي:

١- نَتَحدَّثُ: نتكلم

٢- يتألَّفُ: يتكون

٣- ضَخْمَةٌ: كبيرة

٤- تمنَحُ: يوقف

٥- حَسَنَةٌ: معروف

٥ هاتِ مِنَ الحوارِ المضادَّ في المعنَى لكلِّ كلمة مما يأتي:

١- واسِعٌ: ضيقة

٢- قَليلٌ: كثير

٣- خالِيَةٌ: زحماء

٤- ضَوْضاء: الهدوء

٥- تأخُذُ: تعطى

H.W

القسم الأول

بعد القراءة الثانية.

٦ ضع في المربع علامة (✔) أو (✘)، ثم صحّح الخطأ:

	صحيح أو خطأ	التصحيح
١- تحدَّثَ فَريقُ الطلابِ عنِ المدينة.	✘	تحدث فريق الطلاب عن القرية
٢- بيوتُ المدينةِ أكبرُ من بيوتِ القريةِ.	✔	
٣- تمتازُ الحياةُ في المدينةِ بالهُدوءِ والرّاحَة.	✘	تمتاز الحياة في المدينة بالضوضاء
٤- يتلوَّثُ هَواءُ المدينةِ بدُخانِ المصانعِ.	✔	
٥- تحدَّثت الطالبةُ الثانيةِ عَن هواءِ القرية.	✔	

٧ رتِّب الأفكارَ الآتيةَ حسب ورودِها في الحوارِ بكتابةِ الأرقامِ في الدوائر:

(1) شركاتُ المدينةِ ومَصانعُها.
(2) مُنتَجاتُ القَريَةِ والمدينة.
(5) مَباني القريةِ وَشوارعُها.
(3) جوُّ القريةِ والمدينة.
(4) مزارِعُ القريةِ وحظائرُها

٨ ارسُم دائرة حوْل ح (حقيقة) أو ر (رأي).

	حقيقة (Real)	رأي (False)
١- تحبُّ البناتُ التكلُّمَ عن المدينةِ دائمًا.	ح	(ر)
٢- بُيوتُ القريةِ صغيرةٌ وشوارعُها ضيِّقة.	(ح)	ر
٣- هَواءُ المدينةِ ملوَّثٌ بُدخانِ المصانِع.	(ح)	ر
٤- الحياةُ في المدينةِ أسهَلُ مِنَ الحياةِ في القريةِ.	(ح)	ر
٥- اشترَكَ في الحِوارِ أربعةُ طلّابٍ وأربعُ طالبات.	(ح)	ر

٩ ادرس

(أ) ادرس

١- هَواءُ القريةِ نَقِيٌّ.	الهواءُ	نقِيٌّ
٢- رائِحَةُ الأزهارِ طيِّبَةٌ.	الرائحةُ	طيِّبَةٌ
٣- أشجارُ المزرَعَةِ مُثْمرَةٌ.	الأشجارُ	مُثْمَرةٌ
	مبتدأ مرفوع بالضمة	خبر مرفوع بالضمة

(ب) لاحِظ

- للجملة الاسمية ركنان أساسيّان ومتلازِمان، هما المبتدأ والخبر.
- الخبرُ يكملُ الجملةَ مَعَ المبتدأ، ويتمُّ مَعناها الرئيس.

١٠ عيّن المبتدأ والخبر في العبارات الآتية:

- ارسم دائرة حول المبتدأ، وضع خطًّا تحت الخبر.
- اضبط المبتدأ والخبر بالشكل.

١- هواءُ المدينة ملوّثٌ.

٢- الحياةُ في القرية هادِئةٌ.

٣- شوارعُ البلدةِ واسِعةٌ.

٤- البقرُ كثيرٌ في المزرعة.

٥- أكْلُ الخضراوات مُفيدٌ للصحة.

٦- فريقُ البنات أفضلُ من فريق الأولاد.

٧- عِماراتُ هذا الشارع عاليةٌ.

٨- دُخانُ المصانع أسوَدٌ.

١١ اختر من الصندوق خبرًا مناسبًا لكل مبتدأ مما يأتي، واضبط المبتدأ والخبر بالشكل:

نقيّ – هزيل – شجاع – ثمين –
مشهور – عزيز – لذيذ – عادل

١- الحاكِم شجاع ....
٢- الصحفيّ عادل ....
٣- الجنديّ مشهور ....
٤- الهواء نقي ....
٥- المريض هزيل ....
٦- الخاتَم ثمين ....
٧- المطَر عزيز ....
٨- الطعام لذيذ ....

١٢ اختر من الصندوق مبتدأ مناسبًا لكل خبر مما يأتي واضبط المبتدأ والخبر بالشكل:

المنجَم – الناجح – الكتاب – الامتِحان –
الوطن – الفقير – المحيط – الطالِب

١- الطالب .... ناجح.
٢- المحيط .... عَميق.
٣- الفقير .... جائِع.
٤- الامتحان .... ضَعيف.
٥- الناجح .... مَسرور.
٦- المنجم .... مُظلم.
٧- الكتاب .... مُمتع.
٨- الوطن .... مَحبوب.

القواعد:

١- للجملة الاسمية ركنان أساسيّان متلازمان، هما المبتدأ والخبر.

٢- المبتدأُ: هو المتحدَّث عنْهُ (المخبَرُ عنه) في الجملة الاسمية، ويكون مرفوعًا.

٣- الخبرُ: هو المتحدَّثُ بِهِ (المخبَرُ بِهِ) في الجملة الاسمية، ويكون مرفوعًا.

٤- يكملُ الخبرُ الجملةَ مَعَ المبتدأ، ويُتِمُّ معناها.

الدرس ٤

أولاً: قبل الاستماع:

١٣ أجبْ عن الأسئلةِ الّتي تسمعها من المعلم. (شفهيًّا):

ثانيًا: استمع إلى الحوارِ الآتي، وأجبْ عنِ الأسئلة:

ارسُم دائرةً حولَ الجوابِ المناسب:

١- عَدَدُ الأصدقاءِ الّذين تقابلوا	أ- اثنان	ب- ثلاثة	ج- أربعة
٢- نَبيلةُ تَشتَري	أ- جريدة	ب- كتابًا	ج- مجلة
٣- وَعدُ تُريدُ أن تشتَريَ	أ- مسطرة	ب- ممحاة	ج- أقلامًا
٤- سَيفٌ يَشتَري	أ- ألوانًا	ب- مثلثًا	ج- كراسة رسم
٥- يتقابلُ الأصدقاءُ في المدرسة	أ- غدًا	ب- اليومَ	ج- يومَ الإثنين

١٤ استمِعْ ... أنشِدْ ... احْفَظْ

ما أجملَ الصَّباحَ!

ما أجْمَلَ الصَّباحْ! — يَفوحُ بالعَبيرْ
وَصاحِبي الفلّاحْ — يَجِدُّ في المَسيرْ
لِيَزْرَعَ الحُقولْ — بالعَزمِ وَالعَمَلْ
في قَلبِهِ الرَّجاءْ — في عَيْنِهِ الأَمَلْ
والعامِلُ الخَبيرْ — دُسْتورُهُ العَمَلْ
مُثابِرٌ نَشيطْ — لا يَعرِفُ الكَسَلْ
إنْتاجُهُ وَفيرْ — حَيّوهُ يا صِحابْ
مَنْ يَبذُلُ الكثيرْ — لا يَعرِفُ الصِّعابْ

معاني المفردات:

١- فاحَ (الشيء): انتشرتْ رائِحتُهُ
٢- يَجِدُّ: يَجْتَهِدُ
٣- دُستورُهُ: القاعِدَةُ الّتي يعملُ بها
٤- مُثابِرٌ: مُواظِبٌ، مُستمرٌّ، مُداوِمٌ
٥- وَفيرٌ: كَثيرٌ

١٥ ما الفرقُ بينَ: (تَحَدَّثْ):

١- الحياةِ في بيتٍ صغير، والحياةِ في عِمارةٍ كبيرة؟

٢- مواصلاتِ المدينة، ومواصلاتِ القرية؟

٣- طَعامِ المدينة، وطعام القرية؟

٤- وسائل الترفيهِ في المدينةِ، ووسائِل الترفيه في القرية؟

٥- أهلِ المدينةِ، وأهِلِ القرية؟

١٦ (أ) انظر جيدًا إلى الصورة وتحدَّث عنها، ثم اكتب ما تشاهده فيها من:

١- وسائل مواصلات: ....

٢- حيوانات: ....

٣- أشياء من الطبيعة: ....

(ب) اكتب رأيك في هذه الصورة (في نحو ٣٠ كلمة):

....

....

....

....

....

....

....

....

الدرس ٥ الحِمارُ والثَّور

قبل القراءة الأولى

١ أجـب.

١- ما الحيواناتُ التي يعتمدُ عليها الفلاّحُ في حياته؟

٢- كيفَ يستفيدُ الفلاحُ مِن كلِّ حيوانٍ عندَه؟

٣- أينَ تقيمُ حيَواناتُ الفلاّح؟

٤- بِمَ يتَّصفُ الحمارُ؟ هل توافِقُ على هذا الوصف؟ قُل السَّبَب.

٢ اقـرأ.

كانَ لفلاحٍ حمارٌ جميلٌ أبيضُ وثَورٌ كبيرٌ أحمرُ. بَنى الفلاحُ للحمار بَيْتًا جَميلاً، وبَنَى جَنْبَ البيت زَريبةً صغيرةً للثور.

وكانَ الفلاحُ يعتَني ببيت الحمارِ كُلَّ يَوْم، وَيضَعُ أمامَهُ التِّبْنَ والشَّعير ليأكُلَ، والماءَ ليشرَبَ. وكانَ الفلاحُ يركبُ الحمارَ ليَتنزَّهَ، ثُمَّ يَعودُ به قبلَ المساءِ إلى بَيْتهِ، فيَأكُلُ وينامُ.

أمَّا الثورُ، فكانَ صاحبُهُ يَسْحبُهُ كُلَّ يوم إلى المزرعةِ، يجُرُّ المحراثَ ليحرُثَ الأرضَ، ويديرُ الساقيةَ ليرويَ الزرعَ بالماء. وفي بعض الأيام كانَ الفلاحُ يرْبطُ الثورَ في العربَةِ الكبيرةِ، ليذهَبَ بها الثَورُ إلى السوقِ، وَهيَ مُحمَّلَةٌ بالأثقال والبضائع.

وفي يَوم قالَ الثورُ الأحمرُ لجاره الحمار: «ما أسْعَدَكَ أيُّها الحمارُ! أنت مُستَريحٌ وشَبعانُ، لا تخْرُجُ إلاَّ للنُّزْهَةِ، أمّا أنا فأعمَلُ طُولَ الوقتِ أعمالاً شاقَةً ومتْعبَةً، والفلاحُ لا يَرحَمُني أبدًا، قُلْ لي يا صاحبي نَصيحةً تُريحُني منْ هذا التَّعبِ والشَّقاءِ».

تَألَّمَ الحمارُ عندَما سَمعَ كَلامَ الثَّورِ، وقالَ لهُ: «يا أَخي، لا تأكُلْ عَلفَكَ اليَوْمَ، وتَظاهَرْ بأنَّكَ مريضٌ، فإذا جاءَ الصَّباحُ، وَرآكَ صاحبُنا الفَلاحُ هَكذا تركَكَ، وَلَمْ يأخُذْكَ للحراثَة، ولا

الحِمارُ والثَّور

لجَرِّ الساقية. عنْدئذٍ، تَسْتَريحُ بَقيَّةَ اليَوْم، وتَنْعَمُ بالهُدوءِ والرّاحَةِ».

سَمِعَ الثورُ الأحمرُ كَلامَ الحمارِ، وقالَ بحَماسٍ: «هَذه فكرةٌ جيِّدةٌ، سأنفِّذُها بالحَرف الواحِدِ!».

عملَ الثورُ بنصيحةِ الحمارِ، وَرقَدَ ولَم يأكُلْ علَفَهُ، وتَرَكَ التِّبْنَ والشّعيرَ، كَما أدْرَكَ الفلاحُ ما دارَ بَيْنَ الحمار والثَّور، وَفهِمَ الحيلةَ التي دبَّرَها الثورُ بِمساعَدَةِ الحِمارِ.

أخَذَ الفلاّحُ الحمارَ إلى المزرَعَة بَدلاً من الثَّوْرِ، وجعَلَهُ يَجُرُّ المحْراثَ في الحقل طُولَ اليوم، شَعَرَ الحمارُ بالتعبِ الشّديد، وقالَ لنفسِه: «لِمَ تبرَّعْتُ بنَصيحةِ الثور؟! لساني سبَّبَ لي كُلَّ هَذا التعبِ! لَيتني ما تكلَّمْتُ!».

رجَعَ الحمارُ آخرَ النَّهار، رَقبتُهُ مجْروحَةٌ، وأرجُلُه تُؤلمُهُ. اقْتَربَ الحمارُ منَ الثورِ وقالَ: «جئْتُكَ يا صاحبي بخبَرٍ جَديد وَخَطيرٍ!»، فصاحَ الثورُ في اضطرابٍ «ما هُوَ؟ هيَّا، تكلَّمْ». قالَ الحِمارُ: «سمِعْتُ صاحبَنا الفلاحَ يقولُ لزَوْجَتِهِ، غدًا أذْبَحُ الثورَ إذا بَقيَ مَريضًا! هيَّا يا صديقي، أُنْجُ بحياتِك، كُلْ علَفَكَ، ولا تُبْقِ منْهُ شيئًا، وَلا تتظاهرْ بالمرضِ بعْدَ الآنَ!».

ولما حضَرَ الفَلاحُ وجَدَ الثَّوْرَ الأحْمَرَ يأكلُ بشهيَّةٍ، ويَرْفُسُ الأرضَ بِرجلَيْهِ بقُوَّةٍ، كأنَّما يقولُ: «أنا قويٌّ، وصحَّتي جيِّدَة».

ضَحكَ الفلاّحُ، وَربَتَ بيدِهِ على ظَهْرِ الحِمار وَهُوَ يقولُ لَه: «يا لَكَ من مكّارٍ ومُحتالٍ يا حماريَ العَزيز!».

ثُم قادَ الفلاحُ الثَّورَ إلى الحَقلِ ليقُومَ بجرِّ المحراثِ كَما كانَ يفعلُ كلَّ يَوْمٍ!

٣ (أ) اقرأ الشرحَ أو التعريفَ ثم اكتب الكلمة مِن القصة:

١- بَيْتٌ يُصنَعُ للماشِيَةِ لحمايَتِها مِنَ الحرِّ والبَرد: ....

٢- خَرَجَ للنُّزْهَةِ والتَّرويح عَنِ النَّفس: ....

٣- آلَةُ حَرْثِ الأرضِ لِزِراعتِها: ....

٤- عَجَلَةٌ كبيرةٌ تُدارُ فترفَعُ الماءَ إلى قناةٍ تَسقي الحقْلَ: ....

٥- طَعامُ الحيَوان: ....

(ب) ابحث في المعجم عن شرحِ كلِّ كلمةٍ مما يأتي:

١- دَبَّرَ: ....

٢- رَفَسَ: ....

٣- رَبَّتَ: ....

٤ (أ) صِل بينَ الكلمةِ ومرادِفِها:

١ رَوى	2 شاقٌّ	3 رَقَدَ	4 أدْرَكَ	5 قادَ	6 سَحَبَ
2 مُتْعِبٌ	6 جَرَّ	5 سَقى	١ ساقَ	3 نامَ	4 فَهِمَ

(ب) صِل بينَ الكلمةِ ومضادِّها في المعنَى:

١ جميلٌ	2 أمامَ	3 جرَّ	4 شَبْعانُ	5 راحَةٌ	6 قويٌّ
2 خَلْفَ	5 تَعَبٌ	١ قبيحٌ	6 ضعيفٌ	3 دَفَعَ	4 جوعانُ

٥ املأ الفراغات في العبارات الآتية بتعبير مناسب من الصندوق:

(يَنْعَمُ بِالهُدوء – يَنجو بِحياتِه – يسمَعُ الكلامَ – عملَ بالنَّصيحة)

١- هَذا طِفلٌ مُطيعٌ لوالدَيه .... دائمًا.

٢- الطّالبُ .... واهْتمَّ بدُروسِه ونَجَحَ.

٣- انتصرَ الجنديُّ علَى أعدائِهِ واستطاعَ أن ....

٤- ذَهَبَ والدي إلى الرِّيفِ لِـ ....

H.W

القسم الأول

بعد القراءة الثانية.

٦ ضع في المربع علامةَ (✔) أو (✘)، ثم صحّح الخطأ:

	صحيح أو خطأ	التصحيح
١- كانَ الحمارُ يتعبُ في عمَلِهِ أكثرَ منَ الثور.	☐	....
٢- فَهِمَ الفلاّحُ الحيلةَ التي دَبَّرها الحمارُ والثور.	☐	....
٣- استطاعَ الحمارُ أن يتحملَ تعبَ الحراثةِ وجرِّ الساقيةِ.	☐	....
٤- صَدقَ الحمارُ عندَما قالَ للثَّور إنَّ الفلاّحَ سيذْبحُه.	☐	....
٥- الحمارُ - في هذِهِ القِصَّةِ - أذكى مِنَ الثَّوْر.	☐	....

٧ رتِّبِ الأفكارَ الآتيةَ حسبَ ورودِها في قصة «الحِمارُ والثَّور» بكتابةِ الأرقامِ في الدوائر:

◯ الحمارُ ينصحُ الثورَ بعَدَمِ الأكلِ والتظاهُرِ بالمرض.
◯ الحمارُ يقولُ للثَّوْرِ إنَّ الفلاحَ سيذْبَحُهُ إنْ بَقِيَ مريضًا.
◯ الثَّورُ يشكو للحمارِ تعبَهُ في جَرِّ المحراثِ وإدارةِ الساقية.
◯ الثَّورُ يخافُ ويأكلُ علَفَهُ، فيأخُذُهُ الفلاحُ للعَمَلِ في الحقل.
◯ الفلاحُ يأخذُ الحمارَ بَدلاً مِنَ الثَّورِ ليقومَ بعَمَلِه.

٨ أجب.

١- فيمَ كانَ الفلاحُ يَستَخْدمُ الثورَ؟..

٢- وفيمَ كانَ يستخدمُ حمارَهُ؟..

٣- بِمَ نَصَحَ الحمارُ الثَّورَ؟..

٤- كيفَ عاقَبَ الفلاحُ الحمارَ؟..

٥- ماذا فَعَلَ الحمارُ لترجِعَ الأمورُ إلى ما كانَتْ عليه؟..

٦- ما رأيُكَ في هَذِهِ القِصَّة؟..

٩ ادرس

يتطابق المبتدأ والخبر في الأحوال الآتية:

(أ) في التعريف والتنكير:

١- نكرة + نكرة ← عدوٌّ (مبتدأ نكرة) عاقل خَيْرٌ (خبر نكرة) من صديق جاهل.

٢- معرفة + معرفة ← الدينُ (مبتدأ معرفة) النصيحةُ. (خبر معرفة)

٣- معرفة + نكرة (وهو الأغلب) ← الحقُّ (مبتدأ معرفة) واضحٌ (خبر نكرة)

(ب) في التذكير والتأنيث: (المطابقة واجبة إلا في حالات قليلة)

القطارُ (مبتدأ مذكر) سريعٌ (خبر مذكر) | العاملةُ (مبتدأ مؤنث) نشيطةٌ (خبر مؤنث)

(ج) في العدد: «الإفراد والتثنية والجمع» (المطابقة واجبة)

القطاران (مبتدأ مثنى) سريعان، (خبر مثنى،) | المهندسون (مبتدأ جمع مذكر) قادمون، (خبر جمع مذكر) | العاملاتُ (مبتدأ جمع مؤنث) نشيطاتٌ (خبر جمع مؤنث)

(إلا في حالات قليلة): الجملة (مبتدأ مفرد) نوعان (خبر مثنى) | الكتاب (مبتدأ مفرد) جزءان (خبر مثنى)

١٠ كوِّن ثماني جمل اسمية من الكلمات التي في الصندوق بحيث تشتمل كل جملة على مبتدأ وخبر:

الجوّ – الطعام – متعاونون – مزعِجة – الحُجرتان – رحيمات – أمينان – السّماء – الأمَّهات – بارِد – التّاجران – الضوْضاء – لذيذ – واسِعتان – صافِية – اللاّعبون

١- الأمهات رحيمات .... ٥- ....

٢- الجو بارد .... ٦- ....

٣- الطعام لذيذ .... ٧- ....

٤- .... ٨- ....

H.W

القسم الأول

١١ أكمل كل عبارة مما يأتي بخبر مناسب:

١- الضَّوضاءُ ....
٢- السّاقِيتان ....
٣- النَّصائِحُ ....
٤- الهُدوءُ..............................
٥- العُمّالُ ....
٦- الفلاّحان ....
٧- المسافِرون ....
٨- الطّالِباتُ ....

١٢ ابدأ كل عبارة مما يأتي بمبتدأ مناسب:

١- .... نَقِيٌّ.
٢- .... كثيراتٌ.
٣- .... جَميلتان.
٤- .... أقْوِياء.
٥- .... ضَخْمان.
٦- .... واسِعَتان.
٧- .... مُسْتعدّاتٌ.
٨- .... فرِحون.

القواعد:

يتطابق المبتدأ والخبر في الآتي إلا في حالات قليلة:

		(المتبدأ)		(الخبر)
(أ) التعريف والتنكير:	١-	معرفة	+	معرفة.
	٢-	نكرة	+	نكرة.
	٣-	معرفة	+	نكرة. (وهو الأغلب)

(ب) التذكير والتأنيث (إلا في حالات قليلة)

(ج) العدد «الإفراد والتثنية والجمع» (إلا في حالات قليلة)

الدرس ٨

أولاً: قبل الاستماع:

١٣ أجبْ عن الأسئلةِ الّتي تسمعها من المعلم. (شفَهِيًّا):

ثانيًا: (أ) استمع إلى الخبرِ جيدًا، ثُمَّ أجبْ عن الأسئلة:

(ب) ضع في المربع علامة (صح) بجوار التكملة المناسبة لكل عبارة تسمعها:

١- (أ) فرنسية ☐ (ب) غانية ☐ (ج) بِريطانيةِ ☐

٢- (أ) صَباحًا ☐ (ب) عصرًا ☐ (ج) مَساءً ☐

٣- (أ) اليومَ ☐ (ب) غدًا ☐ (ج) بَعدَ غَدٍ ☐

٤- (أ) التاسعةِ ☐ (ب) السادسِة ☐ (ج) الثالثةِ ☐

٥- (أ) عشرَةُ ☐ (ب) أحَدَ عَشَر ☐ (ج) عشرون ☐

١٤ ابحث في الحروف عن أربعة أزواج من الكلمات المتضادة في المعنى: *H.W

ارسم دائرة حول الكلمات، ثم اكتبها

ح	ا	ر	ي	ب	ك	ق
ل	ي	ل	غ	ا	خ	ص
ت	ن	هـ	ا	ر	ت	ي
غ	ذ	ف	م	د	ش	ر
ر	ط	و	ي	ل	ر	س
ب	ي	س	ت	ي	ق	ط

١- غَـرْب .... شَـرْق ....

٢- قصير .... طويل ....

٣- حار .... مر ....

٤- ليل ....

١٥ ماذا تقولُ؟

١- لزميلكَ عندَما تقابلهُ في الصَّباح؟

٢- عندَما يأتي ضَيفٌ إلى بيتِك؟

٣- لصديقٍ مَريضٍ غابَ عنِ المدرسة؟

٤- لأُستاذِك لتطلُبَ الإذنَ بمغادرة الفصل؟

٥- لشخصٍ يسأَلُ عَنْ مكانِ أقربِ مكتبَة؟

٦- لموظَّفِ البريدِ لتطلبَ منهُ طابعًا لترسلَ خطابًا لِدَوْلَةٍ عربية؟

١٦ (أ) ماذا تقولُ لِمنْ في الصّورَتَينْ؟

(ب) علِّق على ما تَراهُ في كلِّ صورة في نحو ٢٥ كلمة:

....

....

....

....

....

....

الدرس ٩ مُدرِّساتٌ صَغيرات

قبل القراءة الأولى

١ أجِب.

- ١- كم شهرًا العطلة الصيفية؟
- ٢- ماذا نفعلُ في العُطلة الصَّيْفيَّة؟
- ٣- اذكر اسمَ جريدةٍ / مجلةٍ عربيةٍ تعرفُها؟
- ٤- لِمَ يحرِصُ كثيرٌ من الناسِ على تعلُّم القراءة؟

٢ اقرأ.

١ القَريةُ هادِئَةٌ في أوَّلِ أيّامِ العُطْلةِ الصَّيْفيَّةِ. اجتمعَتِ الصَّديقاتُ: سَلْوى، وَفاطِمَةُ، وَهُدى. قالتْ فاطِمَةُ: «هيّا نُفكِّر في عَملٍ يَنْفعُ أهْلَ قريَتِنا». بعدَ قليلٍ جاءَتِ الجارَةُ أمُّ عبد الرَّحمن، وطلَبَت مِنْ سَلْوى أن تقْرأ لها خطابًا مِن ابنِها عبد الرَّحمنِ المُسافِر. قرأت سلْوى الخِطابَ وقالَتْ: «ما رَأيُكِ يا خالَةُ؟ نُعلِّمكِ القِراءَةَ؟» فَرِحَت أمُّ عبد الرحمن وقالَتْ: «أنا مُستَعِدَّةٌ يا بَنات».

٢ طَلَبَت زَوْجَةُ شَيْخِ القَريةِ مِنَ البَناتِ أنْ تَتَعلَّم القراءَةَ لتقْرأَ الجرائِدَ والمجلّات. وكانَ هُناك مَصْنَعٌ قَريبٌ مِنَ القَريَةِ لا يقبلُ العامِلَةَ الَّتي لا تعرفُ القراءَةَ والكتابة. تقدَّمت أربعُ فتياتٍ للدِّراسة، وبعدَ أُسبوعٍ صارَ العدَدُ عشْرَ دارِساتٍ. قالتِ الصديقاتُ: «الحمْدُ للّه. الآنَ الفصْلُ جاهِز».

مُدرّساتٌ صَغيرات

٣ أعدّتِ البناتُ حُجرَةً في حَديقَةِ المنزلِ عنْدَ سلْوى، وأحضرت فاطمةُ سَبّورةً منْ بيتها. واشترَتْ هُدى الطّباشير، وَجمعَتْ عشرَةً منْ كُتُبِ المرحلةِ الابتدائية. بَدأت الدّراسةَ، وتعاونَتِ الصّديقاتُ في التّدريس، وبعدَ أسابيعَ قليلةٍ تعلّمت الدّارِساتُ قراءَةَ كلماتٍ كثيرةٍ وكتابتها.

٤ تقْرأ الدّارساتُ - الآنَ - بعْضَ الكلماتِ من الجرائِدِ والمجلّات. وتفْهَمُ أمُّ عبد الرّحمنِ ما يكتُبهُ ابنُها في الخطاب. بعْدَ شهْريْن قالت زَوْجَةُ شيْخِ القَريةِ وَهيَ سعيدةٌ: «شكرًا. أنا استطيعُ أنْ أقرأَ - الآنَ - عَناوين الجرائد، وأفهَمَ الأخبارَ في الإذاعةِ والتّلفزيون، وأتكلّم مَعَ زَوْجي شيْخ القَريةِ في كلّ المَوْضوعات». في آخِرِ الشّهرِ الثالث، تقدّمتِ الدّارساتُ للامتحان.

٥ ظهَرَتْ نَتيجَةُ الامتحانِ، وَنَجَحَتْ جميعُ الدّارِسات. وفي المساءِ أقامَتِ النّاجحاتُ حَفْلاً صغيرًا. شكرَتِ الدّارِساتُ المعلّماتِ الصّغيراتِ، وَقدّمَت زَوْجَةُ شَيْخِ القَريَةِ حَقيبَةً دِراسِيّةً جَميلةً لكلِّ واحدَةٍ مِنْهُن. بدأتِ الدِّراسَةُ وَذَهبَتِ الصّديقاتُ إلى المدْرَسَةِ وَهُنَّ سِعيداتٌ بالعامِ الجديد، وَبالعَمَلِ النّافعِ لأهْلِ القَرْيَة.

٣ صِل بينَ الكلمة والشرح أو التعريف:

١- حَفْلٌ	مَكانٌ نَصْنَعُ فيه الأشياء
٢- أَعَدَّ	جَهَّزَ وَهيَّأَ
٣- مَصْنَعٌ	سَبعَةُ أيّامٍ
٤- أسبوعٌ	حَضَرَ، أَتى
٥- جاءَ	اجتماعٌ واحتفالٌ لغَرَضٍ مِنَ الأغراض

٤ هاتِ من النَّصِّ مُرادفًا لكُلِّ كلمةٍ مما يأتي:

١- من الفقرة رقم ١: رِسالَة: الخطاب ، تعالَ: هيا

٢- من الفقرة رقم ٢: مُستَعِدٌّ: جاهز ، صانِعٌ: العاملة

٣- من الفقرة رقم ٣: بَيْتٌ: المنزل ، غُرْفَةٌ: حجرة

٤- من الفقرة رقم ٤: فَرحَةٌ: سعيد ، اِختِبارٌ: للإمتحان

٥- من الفقرة رقم ٥: السَّنَةُ: .... ، بانَ: ....

٥ صِل بين الكلمة ومضادِّها في المعنى:

١ يَنْفَعُ	٢ سَعيدٌ	٣ ظَهَرَ	٤ قَديمٌ	٥ بَدأَ
٣ اختفَى	٤ جَديدٌ	٥ اِنتَهَى	١ يَضُرُّ	٢ حَزينٌ

(ب) استعمل إحدَى الكلمات السابقةِ ومضادَّها في جملتَيْن من عندِك.

١- الكلمةُ: .... الجملة: ....

٢- المضادُّ: .... الجملة: ....

بعد القراءة الثانية.

٦ ضع في المربع علامة (✔) أو (✘)، ثم صحِّح الخطأ:

	صحيح أو خطأ	التصحيح
١- العُطلةُ المدرسيةُ الصيفيَّةُ قصيرَة.	✘	....
٢- قرأت سَلوى الخطابَ لأُمِّ عبد الرحمن.	✔	....
٣- بعدَ شهرٍ صارَ العددُ عَشْرَ طالبات.	✔	....
٤- أحضَرَتْ فاطمَةُ سبّورَةً.	✔	....
٥- الدّارساتُ دَرَسْنَ أربَعَةَ أشْهُر.	✘	....

٧ هذهِ خمسةُ عناوين مقترحة لفقراتِ موضوع «مُدرِّساتٌ صَغيرات»:

اكتب رقم الفِقرة المناسبةِ في الدائرةِ بجوار كلِّ عنوان:

أنا أقرأُ (4) — عُطلةٌ في القَرية (1)

فَصْلٌ جَديد (2) — بَدْءُ الدِّراسَةَ (3)

نجاحٌ مبارَكٌ (5)

٨ ضع في المربَّع علامة (✔) أمام الإجابة المناسبة:

١- الفكرة الرئيسة في الموضوع:
- ☐ المصنع الذي لا يقبل من لا تعرف القراءة.
- ☑ التفكير في عمل ينفع أهل القرية.
- ☐ الهدايا التي تلقَّتْها الصديقات.

٢- أهمّ كلمة في الفقرة الرابعة:
- ☑ أَقْرَأُ
- ☐ أَفهَمُ
- ☐ أتَكلَّمُ

٣- أهمُّ عبارةٍ تدلُّ على الاعترافِ بالجميلِ في الفِقرة الخامسَة:
- ☐ أقامتِ الناجحاتُ حفلاً صغيراً.
- ☐ ذهبتِ الصَّديقاتُ إلى المدرسَةِ وَهُنَّ سعيداتٌ.
- ☑ شكرتِ الدّارِساتُ المعلِّماتِ الصغيراتِ.

H.W

الدرس ١١ أنواعُ الخَبَر: الخَبَرُ المفردُ، والخبرُ الجُملَة

٩ ادرس

أنواع الخبر

(أ) مفرد
(أي ليس جملة ولا شبه جملة)

(ب) جملة
- اسمية
- فعلية

فعلية	اسمية (ضمير يعود على المبتدأ)	مفرد
الفصلُ فَتَح أبوابه.	الفصلُ مساحته مناسبةٌ.	الفصل مغلقٌ.
الشركةُ تصنَعُ الحلوى.	الشركةُ عُمالُها ماهرونٌ.	الشركة كبيرةٌ.
الامتحانُ بدأَ في الثامنة.	الامتحانُ أسئلته صَعبةٌ.	الامتحان سهلٌ.

الرسالة (مبتدأ) قصيرةٌ (خبر).

الرسالتان (مبتدأ) خطُّهما (مبتدأ ثان) (ضمير) جميلٌ (خبر) — خطُّهما جميلٌ: خبر

الرسالةُ (مبتدأ) وَصلتْ أمسِ (خبر).

١٠ أكمل كل جملة مما يأتي بخبر كما هو مطلوب:

١- اللاّعبون يلعبون بمهارة (جملة فعلية)

٢- المكتبةُ .... (جملة اسمية)

٣- الصّديقان يقرأن الكتاب. (جملة فعلية)

٤- المدرِّسُ .... (جملة اسمية)

٥- المهندساتُ .... (جملة فعلية)

٦- السّيَّارتان .... (جملة اسمية)

٧- المصنعُ مساحته كبير. (جملة اسمية)

٨- الحدائقُ .... (جملة اسمية)

١١ ضع علامة (صح) أمام الجملة الصحيحة في كل مجموعة مما يأتي:

١
- أ- الطبيب مشهور ✓
- ب- الطبيبان مشهورون
- ج- الطبيب شهرته واسعة
- د- الأطباء مشهوران

٢
- أ- القرية بعيد
- ب- القريتان شوارعهم ضيقة
- ج- القريتان بعيدتان ✓
- د- القرى بعيدان

٣
- أ- النهر ماؤها عذب
- ب- النهر عريضة
- ج- النهران عريضتان ✓
- د- النهر فيضانه قويّ

٤
- أ- الفلاحون نشيطان
- ب- الفلاحة نشيط
- ج- الفلاحان حقلة واسع
- د- الفلاحون حقلهم واسع ✓

٥
- أ- الشوارع نظيف
- ب- الشارعان نظيفان ✓
- ج- الشارع مزدحمة بالسيارات
- د- الشارع سياراتها كثيرة

٦
- أ- الكتاب صفحاتها كثيرة
- ب- الكتابان مفيدتان ✓
- ج- الكتاب كثيرة الصفحات
- د- الكتاب سهل الفهم

١٢ حوِّل الخبر المفرد إلى خبر جملة (اسمية أو فعلية):

١- السؤالُ سَهْلُ الحلّ. ← السؤالُ حلُّه سَهْل.

٢- لوْنُ السَّبورَةِ مناسب. ← السبورة لونه مناسب.

٣- الحاكمُ عادلٌ. ← الحاكم يعدل

٤- المدرسةُ واسعَةُ الفناء. ← المدرسة فنائه واسعه

٥- صوت الخطيب قويٌّ ← الخطيب صوته قوي.

٦- المهندسُ مسافرٌ إلى باريس. ← المهندس سافر إلى باريس

القواعد:

- قد يكون خبر المبتدأ مفردًا (أي ليس جملة ولا شبه جملة) كما درسنا في الدرسَيْن السابقين.
- قد يأتي الخبر جملةً اسمية أو جملة فعلية.
- الخبر الجملة الاسمية يتكون من مبتدأ وخبر، ويشتمل على ضمير يربطه بالمبتدأ الأول، ويطابقه من حيث العدُّ (الإفراد والتثنية والجمع) وكذلك من حيثُ التذكيرُ والتأنيث.
- الخبر الجملة الفعلية يبدأ بفعل.

أولاً: قبل الاستماع:

١٣ أجبْ عن الأسئلةِ الّتي تسمعها من المعلم. (شفَهِيًا):

ثانيًا: استمع إلى النص الآتي، ثم اكتب التكملة المناسبةَ للعبارات. (كلمة أو كلمتَين):

١- يُحِبُّ زيادٌ وأختُه فريدةُ ....

٢- يذهَبُ الاثنان إلى المكتبات عادةً كُلَّ ....

٣- زيادٌ يُحبُّ قراءةَ الكُتُب ....

٤- هُوَ يقْرأُ كتُبًا عَن ....

٥- فَريدةُ تُحبُّ قراءَةَ ....

٦- يذَهبُ الاثنان مَع والِدِهما كُلَّ عامٍ إلى ....

١٤ اذكر الكلمة الغريبة في كل مجموعة ، ثم اكتبها على السطر.

الموضوع	الكلمات				الكلمة الغريبة
دراسة	تلميذ	معلم	~~طائرة~~	كتاب	طائرة
صحة	مستشفى	طبيب	مريض	ساعة	....
رياضة	نوم	كرة	سباحة	سباق	....
وقت	صباحًا	دراجة	مساءً	غدًا	....
إنسان	ولد	فتاة	امرأة	حمار	....

١٥ تَكلَّم:

١- ماذا فَعلْتَ في العُطلةِ الصيفيةِ الماضية؟
٢- صِفْ رحلةً قُمتَ بها مع أسرتِك.
٣- كلِّمنا عن المجلةِ الَّتي تُحبُّ قراءَتها.
٤- ما اللُّعبةُ الرياضيةُ التي تمارِسُها؟
٥- تكلَّم عن اللعبةِ الَّتي تلعبَها في الحاسوب.
٦- تَحدَّث عن المهنةِ التي تحبُّ أن تعملَ بها في المستقبل.

١٦ (أ) انظر إلى الصورة جيدًا، ثم صِفها:

(ب) اكتب وَصفًا للصورة في نحو (٤٠ كلمة):

....

....

....

....

....

....

....

....

....

....

....

الدرس ١٣ الرَّجُلُ وَالأشجار (تمثيلية)

قبل القراءة الأولى

١ أجب.

شخصيات التمثيلية:

١- الرّاوي
٢- الرجل
٣- الشجرة

- ١- أينَ يَنْبُتُ الشَّجرُ عادَةً؟
- ٢- لِمَ يقطعُ النّاسُ الشَّجَرَ؟
- ٣- ما فائدةُ الأشجارِ في حَياتِنا؟
- ٤- ما واجِبُنا نَحْوَ الشَّجَرِ؟

٢ اقرأ.

الراوي: جَلَسَ رجلٌ يفكِّرُ. كانَ يريدُ أنْ يبني لنفسِه بيتًا كبيرًا على النهرِ، كانَ يريدُ بيتًا من الخشبِ، والخشبُ كثير في الغابةِ. بحثَ الرجلُ عَن فأسِه ليقطعَ الشجرةَ. أخيرًا وجدَ الفأسَ الَّتي يبحثُ عَنها. لكنَّه وجدَ الحديدةَ فقط، ولم يجدْ خشبةَ الفأسِ.. قالَ الرجلُ:

الرجل: كيفَ أقطعُ الشجرَ، والفأسُ دونَ خشبةٍ؟ سأَبْحَثُ في الغابةِ عَن خشبةٍ صغيرةٍ أُثبِّتُها في حديدةِ الفأس، لأُمسكَ الفأسَ بيدي، وأقطعَ الأخشابَ التي أريدُها لبناء بيتِي.

الراوي: ذهبَ الرجلُ إلى الغابةِ حيثُ الأشجارُ. هناكَ أشجارٌ كثيرة، أشجارٌ طويلةٌ وأشجارٌ قصيرةٌ، أشجارٌ رفيعةٌ وأشجارٌ غليظةٌ. نظرَ الرجلُ إلى شجرةٍ كبيرةٍ. وقالَ لها:

الرجل: مِن فضلكِ أيتُها الشجرةُ الجميلةُ، أريدُ قطعةً صغيرةً مِنَ الخشبِ.

الشجرة: أيُّها الرجلُ الطيبُ، سأعطيكَ فَرعًا صَغيراً.. تأخذُه وتمشي بعيدًا عنَّا، ولا تطلب منَّا شَيئًا بعدَ ذلكَ.

الرجل: شكرًا أيتُها الشجرةُ الكريمةُ، سآخذُ الفرعَ الصغيرَ، وسأذهبُ بعيدًا عنكُم.. شُكرًا جَزيلاً.

الرَّجُلُ وَالأشجار

(لنفسه): الحمدُ لله، دونَ هذه الخشبةِ الصغيرةِ، لا أستطيعُ الإمساك بالفأس، ودونَ الفأس لا أقدرُ على قطع الأشجار للحصول على الخشب. ها ها ها.

الراوي: قطعَ الرجلُ الفرعَ الصغيرَ بالسِّكين، وصنعَ منه خشبةً لفأسِه، أمسكَ الرجلُ الفأسَ بيدِه، وَحرَّكَها في الهواءِ وهُو سعيدٌ، ثمَّ سارَ نحوَ الأشجار.

الرجل: لقَد أصبحَ عندي فأسٌ قويةٌ.. أستيطعُ الآنَ أنْ أقطعَ الأشجارَ.

الشجرة: لِمَ أنتَ قادمٌ إلَينا؟ وما هَذهِ الَّتي بيدِك؟

الرجل: هَذهِ فأسي. كانَتْ منذُ لحظةٍ قطعةَ حديدٍ لا تنفعُ في شيءٍ.. والآنَ أصْبَحت بفضلِ الخشبةِ فأسًا حادَةً، أقطعُ بها ما أريدُ.

الشجرة: ألَم تَعدْنا بالذَّهابِ بعيدًا؟ لِمَ تأتي إلَينا الآنَ؟ هلْ هذَا هُوَ الوَفاءُ بالوعدِ؟!

الرجل: ولكنْ يا عَزيزتِي الشجرةُ، هَل يُرضيكِ أنْ أعيشَ في كوخٍ صَغيرٍ حَقيرٍ؟! أُريدُ بَيتًا منَ الخشبِ، بَيتًا كبيرًا واسعًا له حجراتٌ عديدةٌ، وحديقةٌ جميلةٌ.

الشجرة: خُذْ حاجَتكَ منَ الخشبِ من مكانٍ آخرَ.. لقَد وعدتَنا بذلكَ!

الرجل: كيفَ أذهبُ بعيدًا، والخشبُ قريبٌ منِّي؟! لا تعطِّليني عَن عملي .. أمامي عملٌ كثيرٌ.

الراوي: أمسكَ الرجلُ بالفأسِ، وقطعَ أشجارًا كثيرةً، قَطَعَ.. وقطَع.. وقطَع، قطَّع كلَّ الأشجار التي في المكانِ، بَقيَتِ الشجرةُ الكبيرةُ، وقبلَ أنْ يصلَ إلَيها الرَّجُلُ لِيقطَعَها كانَت تقولُ لنفسِها ..

الشجرة (في حزن): ما أتعسَنا! لقَد خدَعَنا هذا الإنسانُ، سمِعْنا كلامَه المعْسولَ وصدَّقناهُ وأعطيْنَاهُ الفرعَ الصغيرَ، وهذِه هيَ النتيجةُ.. جاءَ وقطَّعَنا جَميعًا، ليتَنا ما أعطَيْناه شَيئًا، ليتَنا ما صَدَّقْناه!

٣ هات من النَّصِّ الكلمات الّتي تُؤدّي المعاني أو التعريفات الآتية:

١- فأس : آلةٌ ذاتُ سِنٍّ عَرِيضَةٍ من الحديد ، ووتدٍ مِنَ الخشَب يُحْفَرُ بها.

٢- .... : ذو طَرَفٍ قاطِع.

٣- .... : أظهَرَ لَهُ خِلافَ ما يُخفي، وَأَضْمَرَ لَهُ المكروه.

٤- .... : مِن وقْت كذا ...

٥- .... : آتٍ إلى / حاضر نَحْو

٦- .... : مِن غير.

٤ هاتِ من النَّص المضادَّ في المعنَى لكلِّ كلمة مما يأتي:

١- قَصيرٌ: طويل

٢- قَريبٌ: بعيد

٣- بَخيلٌ: الكريم

٤- ضَعيفٌ: قوى

٥- قَبيحٌ: جميل

٦- صَدَّقَ: ....

٥ هات صيغةَ الجمع لكلِّ كلمة ممّا يأتي، ثم ضَع الجمعَ في جملة من عندك:

	الجمع	الجُمل
١- بَيْتٌ:	بيوت	أنا أريد بيوت كبيرة.
٢- فَرْعٌ:	أفعار	
٣- كوخٌ:		
٤- نَتيجَةٌ:		
٥- شَيْءٌ:		

بعد القراءة الثانية.

٦ ضع في المربع علامة (✔) أو (✘)، ثم صحّح الخطأ:

	صحيح أو خطأ	التصحيح
١- يريد الرجل أن يبني لنفسه كوخًا من الخشب.	✘	بيت من الخشب
٢- وَجَد الرجلُ فأسَهُ بدونِ يدٍ خشبية.	✔	....
٣- الشجرةُ تعطي الرَّجُلَ فرعًا صغيرًا.	✔	....
٤- قطع الرجل بعض أشجار الغابة.	✘	قطع كله
٥- ندمت الشجرة لأنها صَدَّقَت هذا الرجل.	✔	....

٧ رَتِّبِ الأفكارَ الآتيةَ حسبَ تسلْسُلِها في القصة، وذلك بكتابة الأرقام في الدَّوائرِ:

(6) (أ) الرجلُ يقطعُ كلَّ أشجارِ المكانِ ليأخُذَ خشَبَها.

(3) (ب) هُوَ يَجدُ حديدَةَ الفأسِ، ولا يَجدُ الخشَبَة.

(4) (ج) الشَّجرَةُ تُعطيهِ فرعًا صَغيرًا، وتطْلُبُ منهُ أن يَذْهَبَ ولا يعود.

(1) (د) يُريدُ الرَّجُلُ بناءَ بَيْتٍ لهُ من الخشَب.

(5) (هـ) صارَ عندَ الرجُلِ الآنَ فأسٌ قويَّةٌ.

(2) (و) هُوَ يذْهَبُ إلَى الغابَةِ، ويطْلُبُ خشَبَةً من الشَّجَرَة.

٨ (أ) أجب:

١- ماذا طلبَ الرجلُ من الشَّجرة؟ فرعًا صغيرًا

وماذا سِتفعلُ بما طلبَت؟ ....

٢- بِمَ وعدَ الرجلُ الشجرة؟ ....

٣- هلْ وَفَى الرَّجلُ بوَعْدِهِ للشَّجرة؟ ....

٤- ماذا فعلَ الرَّجُلُ بالأشجارِ؟ أذكرِ السَّبَب. ....

٥- وضِّحْ كيْفَ تناوَلَتِ القِصَّةُ علاقَةَ الإنسانِ بالبيئة؟ ....

(ب) قُمْ بأداءِ التمثيلية مَعَ زميلٍ لك، بحيْثُ يقومُ أحدُكما بدوْرِ الرَّجُلِ، ويقومُ الآخرُ بدوْرِ الشَّجرة.

٩ ادرس.

ج – الخبرُ شِبْهُ الجُملَة

ظَرف	جارّ ومجرور
١- الغابَةُ جنوبَ المدينة. (خبر ظرف مكان)	١- الغابَةُ في طَرَفِ البلاد.
٢- الشَّجرةُ وسطَ الحديقة.	٢- الشجرةُ على الناصية.
٣- البيتُ أمامَ البحيرة.	٣- البيتُ منَ الخشب.
٤- السَّفَرُ يومَ الجمعة. (خبر ظرف زمان)	٤- السَّفَرُ إلى الريف. (خبر جار ومجرور)

١٠ ضع خطًّا تحت الخبر في كل جملة مما يأتي، وبين نوعه.

(مفرد – جملة اسمية – جملة فعلية – ظرف – جار ومَجرور)

	نَوْعه
١- المنزلُ مدخَلُهُ جَميل.	جمله اسميه
٢- الدولةَ تبني المدارسَ والجامعات.	جمله فعليه
٣- الطلابُ في المكتبة.	جار ومجرور
٤- السفرُ بعدَ أسبوع.	ظرف
٥- الشبابُ صُنّاعُ المستقبل.	جملة اسميه
٦- السائحاتُ سفرُهُنَّ طويل.	جملة اسميه
٧- عنوانُ الشركةِ مَعروف.	جمله اسميه
٨- الانتظارُ أمامَ المبنى.	ظرف

١١ أكمل كل عبارة مما يأتي بخبر ظرف مرة، وجار ومجرور مرة ثانية:

	خبر ظرف	خبر جار ومجرور
١-	الفارِسُ ....قوي....	الفارسُ ....على الكرسي....
٢-	الخطابُ	الخطابُ ....
٣-	المطعمُ ....نظيف....	المطعمُ ....في كند طبيب....
٤-	العامِلُ ....مشغول....	العامِلُ ....في العمل....
٥-	الكتابُ ....ثقيل....	الكتابُ ....على الطاولة....
٦-	الجنديُّ	الجنديُّ ....

١٢ هاتِ مبتدأً مناسبًا لكل خبر مما يأتي:

١- .... خلفَ القضبان.

٢- .... صباحَ الغد.

٣- .... بالقطارِ.

٤- ....الكتاب.... أمامَ الطلاب.

٥- .... فوقَ الجِسر.

٦- ....لا تأكل.... بعدَ الأكل.

٧- .... على أرضِ ا لمطار.

٨- .... غَربَ البلاد.

٩- .... في العُطلَة.

١٠- ....سلام.... علَيْكُم.

القواعد:

- الخبر ثلاثة أقسام: مفرد وجملة وشبه جملة.
- الخبر المفرد: هو ما ليس جملة ولا شبه جملة بل يكون مفردًا. أي كلمة واحدة «اسمًا» سواءً كانَ مفردًا أم مثنًّى أم جمعًا.
- قد يكون الخبر جملة اسمية وقد يكون جملة فعلية وفي هذه الحالة ينبغي أن يشتمل على ضمير يربطه بالمبتدأ.
- قد يكون الخبر شبه جملة (ظرفًا أو جارًا ومجرورًا)

الدرس ١٦

أولاً: قبل الاستماع:

١٣ أجبْ عن الأسئلةِ الّتي تسمعها من المعلم. (شفهيًّا):

ثانيًا: استمعْ إلى القصَّةِ جيِّدًا، ثم أجبْ عن الأسئلة باختصار:

١- أينَ يَسيرُ عَمْرو؟

....

٢- كيفَ سقطَ عمرو في التُّرعَة؟

....

٣- هلْ يعرفُ عمرو السِّباحَة؟

....

٤- كيْفَ نَجا عمرو منَ الغرقَ؟

....

٥- لِمَ رَجَعَ الكلبُ إلى الماءِ مرَّةً ثانية؟

....

١٤ رتِّبِ الكلماتِ الآتيةَ حسبَ تسلسُلِها ، بكتابةِ الأرقامِ في الدوائر.

١- وُضوءٌ (2) فَطورٌ (4) استيقاظ (1) صَلاة (3)

....

٢- ثلاثَةَ عشَرَ (3) أحدَ عشَرَ (١) أربعَةَ عشَرَ (4) اِثناعشَرَ (2)

....

٣- مغرِبٌ (4) ظُهْرٌ (3) فَجْرٌ (2) صُبْحٌ (١)

....

٤- الأحدُ (4) Sun الثُّلاثاء (2) tues السَّبت (3) Sat الإثنَيْن (١) Mon

....

١٥ استمع من زميلك إلى التَّعليمات الآتية، ونفِّذْها.

١- ضَعِ القلمَ في الحقيبة.

٢- أعطِ الكتابَ لصديقِك.

٣- أغْلق النّافذَة.

٤- اِبتعدْ عَنِ النّافذَة.

٥- خُذ الكتابَ من صَديقِك.

٦- ضَعِ الكتابَ على المكتَب.

١٦ (أ) انظر إلى الصورة واذكُر:

١- عددَ الأشخاص: ....

٢- ماذا تفعلُ الأُسرَة: ....

....

٣- أسماءَ ثلاثةِ أشياء: ....

....

٤- رَأيكَ في هَذِهِ الأُسرَة: ....

....

....

....

(ب) صِفِ الصورةَ في فِقرة (نحو ٤٠ كلمة).

....

....

....

....

الدرس ١٧ السَّيَّارَةُ البَرمائِيَّةُ (مجلة ناشئين)

قبل القراءة الأولى

١ أجب.

- ١- ما نوعُ السيارةِ التي تحبُّها أكثرَ من غيرها؟
- ٢- ما اللَّونُ الّذي تفضِّله؟
- ٣- ماذا نسمّي السيارةَ الكبيرةَ المستعملةَ في نقل البَضائع؟
- ٤- أيهما تفضلُ مشاهَدتَهُ؟ ولِمَ؟ سباق الخيْل أم سباق السَّيارات.

٢ اقرأ.

العالم يتقدم

إعداد: رءوف وصفي

السيارة البرمائية..

متعة بريّة وبحرية

١

تخيل شخصاً يقود سيارته في مدينةٍ ساحليةٍ، وبعد فترةٍ يشعرُ بأنه يريدُ أن يقومَ بنزهةٍ بحرية، فلا ينزلُ من سيارته، وكل ما عليه أن يتجه بسيارته - من أماكنَ مخصصة - إلى المياه، ويضغط على زرٍ معينٍ، فتتحول السيارةُ إلى ما يشبهُ القاربَ، يمكن أن يتنزه به فوق سطحِ المياه!

وبالطبع هذه ليست سيارةً عادية - وإلا كانت قد غرقت على الفورِ - ولكنَّها سيارةٌ جديدةٌ مبتكرةٌ أطلق عليها «السيارةُ البرمائية».

وجاءت هذه التسميةُ لقدرتها على السير فوق البر وأيضاً «العوم» فوق سطح الماء.

٢ بداية صنع السيارة البرمائية:

وكانت قد أجريت العديدُ من التجاربِ للتوصل إلى هذه السيارةِ البرمائيةِ الفريدةِ، ولكن التجاربَ الماضية باءت بالفشل بسببِ عدمِ قدرة الفنيين على زيادةِ سرعةِ السيارةِ البرمائيةِ في الماءِ عن عشرةِ كيلومتراتٍ في الساعةِ، وهي سرعةٌ بطيئةٌ جدًا، بحيث إنَّ أي سباحٍ ماهرٍ يمكنُهُ أن يتجاوزها إذا كانت «تسبح» بجانبه!

أما هذه السيارة الجديدة التي أطلق عليها «أكوادا» فقد صنعتْ في إنجلترا، وهي قادرةٌ على السيرِ بسرعةِ ١٦٠ كيلومترًا فوق اليابسة، كما تصلُ سرعتها في الماءِ إلى خمسين كيلومترًا في الساعة وتستطيع أن تمخرَ عباب الأنهارِ والبحارِ والمحيطاتِ، ومن ثم ستكونُ سيارةً برمائيةً رياضيةً، توفر نزهاتٍ بريةً وبحريةً رائعةً لمن يقتنيها.

وقد تم أخيرًا تجربة سيارة «أكوادا» البرمائية في نهرِ التايمز بلندن، وأثبتت كفاءتها، وكما يقول عنها مديرُ الشركة التي تنتجها: إنها سيارة فريدة، لأنها مصممةٌ من البدايةِ على أن تكون سيارةً برمائية، فهي إذن ليست قاربًا له عجلات أو سيارة يمكنُها فقط الصمودُ في الماءِ!

٣ كيفية عمل هذه السيارة:

وللسيارةِ البرمائيةِ الجديدة ثلاثة مقاعدٍ، وهيكلُها مصنوعٌ من ألياف الكربون ليتوافر لها خفةُ الوزنِ وقوةُ التحمل، وكذلك هي مزودةٌ بمحركاتٍ ذاتِ قوة دفعٍ كبيرةٍ حتى تجعلَ جسمها يبقى طافيًا فوق السطح، ولا يغطسُ تحت الماءِ. وتعمل هذه المحركات - عندما تكون السيارة في الماء - بواسطة مضخاتٍ ونفاثات الماء، كما تعمل الزلاّجات التي تراها وهي تنطلقُ بسرعةٍ بالقرب من الشاطئ، وتصدر عنها نافورات من الماء. ولكن مضخات ونفاثات السيارة البرمائية، أكبر حجمًا وأشدُّ قوةً، حتى من تلك الموجودة في الزوارقِ البخاريةِ السريعةِ.

والسيارةُ البرمائيةُ مزودة بكمبيوترٍ يتحكم في معظم عملياتها، فهو - على سبيل المثال - يقومُ برفعِ ثلاثةٍ من إطارات السيارة في مدةٍ لا تتجاوز عشر ثوان، عند النزول إلى الماءِ، ووضعها بصفةٍ مؤقتةٍ بأماكنَ محددة في أسفلِ هيكلِ السيارة، لحين إعادتها إلى مكانها الطبيعي بمجرد الخروج من الماء.

أما الإطارُ الرابعُ للسيارةِ البرمائية، فإنه يبقى مكانه للوقايةِ من النفاثات القوية للمياهِ. وتُغطى - آليًا - الأجزاءُ السفلية من السيارةِ بإحكامٍ حتى لا تتخللها المياه، حتى لو اندفعت السيارةُ البرمائية بسرعتها القصوى على سطح الماء.

٣ صِلْ بينَ الكلمةِ والشَّرحِ أو التَّعريف:

١- قارِبٌ — (أ) مُطلَّةٌ عَلى البحر
٢- ساحِلِيَّة — (ب) مُعَدَّةٌ للسَّير على الأرضِ والماء
٣- بَرْمائِيَّة — (ج) أَدْنَى (المؤنَّث: دُنْيا)
٤- أقصى (المؤنث: قُصْوَى) — (د) مَركَبٌ صَغير

٤ صِل بينَ الكلمةِ والمرادفِ المناسِب:

١- يَقودُ — (أ) كَثيرٌ
٢- عَديدٌ — (ب) يَمْتلِكُ
٣- قُدْرَةٌ — (ج) عائمًا
٤- يَقْتَني — (د) يسوقُ
٥- طافِيًا — (هـ) استِطاعَةٌ

٥ استخرج من النص المضادّ في المعنى لكُلِّ كلمةٍ مما يأتي:

(أ) من الفِقرة الأولى:
يَصْعَدُ: ....
طَفَت: ....

(ب) من الفِقرة الثانية:
سَريعٌ: ....
نُقصانٌ: ....

(ج) من الفِقرة الثالثة:
العُلْوِيَّة: ....
ضَعْفٌ: ....

بعد القراءة الثانية.

٦ ضع في المربع علامةَ (✔) أو (✘)، ثم صحِّح الخطأ:

	صحيح أو خطأ	التصحيح
١- إذا نَزلَتِ السياراتُ العاديةُ إلى الماء تغرق.	✔	
٢- تسيرُ السيارةُ البرمائِيَّةُ على الماء أسرعَ من على البَرّ.	✘	
٣- للسيارةِ البرمائيَةِ خمسةُ مقاعِد.	✘	ثلاث
٤- يتحكَّمُ الكمبيوترُ في معظم عمليات السيارةِ البرمائيةِ.	✔	
٥- للسيارةِ البرمائية ثلاثةُ إطاراتٍ فقط.	✘	

٧ رتِّب الأفكارَ الآتيةَ حسبَ ورُودِها في المقال:

- (5) إنجلترا تَصنعُ السيارةَ «إكوادا».
- (3) الكمبيوتر يتحكَّمُ في العَمَليات.
- (1) هَيكلٌ مصنوعٌ منَ الألياف.
- (4) التجارِبُ الماضيةُ الفاشِلة.
- (2) الزِّرُ يحوِّلُ السَّيارةَ إلى برِّمائية.

٨ وضّح السببَ في كلٍّ ممّا يأتي:

١- تَسمية السَّيارَةِ البرّمائِيَّة.

....

٢- الضَّغْط على زِرٍّ مُعيَّنٍ فيها.

....

٣- فَشَل تجارِبِها في أوَّل الأمَرْ.

....

٤- خِفَّة وزنِها وقُوَّةُ تحمُّلِها.

....

٥- تَغطيَةُ الأجزاءِ السُّفليةِ للسيارةِ بإحكام.

....

٩ ادرس.

أولاً: ما يَرفعُ المبتدأ وينصِبُ الخبَرَ
كان وأخواتَها

الأفعال	معناها
(أ) «وكان أبوهما صالحًا». (اسم كان مرفوع - خبر كان منصوب)	اتصاف المبتدأ بالخبر في الماضي
(ب) صار الجو باردًا	تحوّل المبتدأ وانتقاله إلى حال آخر.
(ج) ليس الدرس صعبًا	نفي حكم الخبر عن المبتدأ
(د) - أصبحت سرعةُ السيارةِ كبيرةً. - أضحَى الخبرُ منتشرًا بين الناس. - أمسَى الامتحانُ قريبًا. - باتَ أحمدُ ساهرًا.	• اتصاف المبتدأ بالخبر في الوقت المفهوم من الفعل. • قد تستعمل كلها بمعنى «صارَ».
(هـ) ظلَّ المسافِر منتظرًا حتى وصل القطار.	استمرار اتصاف المبتدأ بالخبر.
(و) مازال الوقتُ مبكرًا.	ملازمة الخبر للمبتدأ.
(ز) لن نبدأ الرحلة ما دام الجوّ ممطرًا. (اسم ما دام مرفوع - خبر ما دام منصوب)	تفيد مدة الدوام (تحتاج إلى شيء قبلها يكمل معناها).

١٠ أدخل ما بين القوسين على كل جملة مما يأتي وغيرّ ما يلزم:

١- السباقُ مستمرٌّ. (مازالَ): ....

٢- الحاضرون جالِسون في القاعة. (ظَلَّ): ....

٣- العامِلُ مهتمٌّ بعملِهِ. (أضحَى): ....

٤- الطالبُ ساهِرٌ. (باتَ): ....

٥- الطبيبُ حاضِرٌ. (ليْسَ): ....

٦- الحارسُ واقفٌ أمامَ المبنى. (أمسَى): ....

٧- أبوهُ مهندسٌ في تلكَ الشركة. (كانَ): ....

٨- ينجحُ الطالبُ. هُوَ مجتهدٌ في دروسه. (ما دامَ): ....

١١ احذف كان أو إحدى أخواتها من كل جملة مما يأتي، وأعِد كتابة الجملة صحيحةً:

١- لَيْسَ هذا العامِلُ ذامهارة. ....
٢- أضحى الكتابُ موْجودًا في المكتبات. ....
٣- ظلَّ الطَّلابُ جالسين في المعمل. ....
٤- كُنْ مستعدًّا. ....
٥- صارَ الطفلُ رَجُلاً. ....
٦- أصبَحَ الدرسُ مفهومًا. ....
٧- الأمُّ ساهِرةٌ ما دامَ ابنُها مريضًا. ....
٨- ما يزالُ المتظاهِرون سائِرينَ في الشَّوارع. ....

١٢ أدخل كانَ أو إحدى أخواتها على كل جملة مما يأتي وغير ما يلزم:

١- أخوكَ ذو خُلُقٍ كريم. ....
٢- الطالبان جالسان في المكتبة. ....
٣- المتسابقون راكبون سياراتهم. ....
٤- أنتَ ذو مروءةٍ. ← مازِلْتَ ذا مُروءَةٍ.
٥- النهار قصيرٌ في فصل الشتاء. ....
٦- هما منتظران في النادي. ....
٧- البيئةُ ملوَّثةٌ في المدن. ....
٨- أنْتُنَّ مجتهداتٌ في دروسكُنَ. ....

القواعد:

- كان وأخواتها أفعال ناسخة لأنها تغير إعرابَ الجملة، إذ ترفع المبتدأ ويسمَّى اسمَها، وتنصبُ الخبرَ ويسمَّى خبرَها.
- تتصل كان وأخواتها بالضمائر مثل: «كُنْتُم، مازِلْنا، مادُمْتِ، لَسْتُ ... الخ».

الدرس ٢٠

أولاً: قبل الاستماع:

١٣ أجبْ عن الأسئلةِ الّتي تسمعها من المعلم. (شفَهيًّا):

ثانيًا: استمَعْ إلى القصةِ التاليةِ، وأجبْ عن الأسئلةِ باختصار:

١- أينَ كان طَلال يَلعَبُ الكرة؟

....

٢- ماذا كسرَ طلال؟

....

٣- ماذا كانت الخادِمةُ تَفْعَلُ عندَما دخَلَتْ أمُّ طَلال؟

....

٤- ماذا قالَ طلالٌ لأُمّه؟

....

٥- بِمَ وصَفَتِ الأُمُّ ابنَها؟

....

١٤ فكرِّ معَنا:

(أ) تبادَلِ الأسئلةَ والأجوبَةَ معَ زَميلٍ لك:

١- ما الأرقامُ الثلاثَةُ التي إنْ جمَعْتَها معًا،
أو ضَربْتَها بعضَها في بَعض تُعطي النتيجةَ نفسَها؟

٢- كيفَ يمكنُكَ عُبورَ نَهرٍ على قدَمَيْك؟

٣- ما الشَّهرُ الميلادِيُّ الّذي به ثمانِيةٌ وعشرونَ يومًا؟

٤- ما الشيءّ الّذي يستطيعُ أن يحمِلَ أطنانًا منَ الخَشَب،
ولا يستطيعُ أن يحملَ مسمارًا واحدًا؟

٥- ما الشَّيءُ الّذي يختَرِقُ الزُّجاجَ دونَ أن يكسِرَهُ؟

(ب) ناقِش الإجاباتِ معَ المعلمِ لتعْرفَ الحلولَ الصحيحَة:

١٥ تحَدَّثْ عَنْ:

١- ما تفعلهُ كلَّ يومٍ في المدرسةِ قبلَ دخولِ الفصل.

٢- فَصلِك.

٣- مكتبةِ المدرسة.

٤- دَرْسٍ تُحبُّه.

٥- ما يُعجِبُكَ في مدرسَتِك.

٦- ما لا يُعجبُك في مدرستِك.

٧- شَيءٍ مُهمّ ينقصُ مدرسَتك.

٨- ما تحبُّه في أصدقاءِ المدرَسَة.

١٦ (أ) اقرأ الفقرة الآتية، وضع علاماتِ التَّرقيم في المربّعات:

تذكَّرْ ... عَلامات التَّرقيم:

،	.	!	؟	:	"	"

جاءَ الأبُ ☐ ورَأَى ابنته تلعبُ على الأرضِ بِلُعَبِها ☐ قالَ الأبُ ☐ ☐ ما أعجَبَ هَذِهِ الغرفَةَ ☐ لماذا تترُكينَ هَذِهِ الأشياءَ على الأرض ☐ قالتِ الابنَة ☐ ☐ أنا أسِفَةٌ يا أبي ☐ سَأرَتِّبُ الغرفةَ حالاً ☐ ☐

(ب) اكتبِ الفقرةَ بخط الرُّقعةِ الجَميل، مُراعِيًا كتابةَ علاماتِ التَّرقيم. اترك مسافةً قصيرةً عندَ بدايةِ الفقرة.

....

....

....

....

....

القسم الثاني

الدرس ٢١ السَّلامَةُ تَبْدَأُ بِكَ أَنت

قبل القراءة الأولى

١ أجـــب.

١- ما أهمُّ الأخطارِ التي يمكنُ أن تقابلَك في الشارعِ؟

٢- هل لديك دَرّاجة؟ هَل تركبُها في الشّارعِ؟

٣- أيُّهما أكثرُ أمنًا: استخدامُ السيارة الخاصّةِ أم المركَبةِ العامة؟

٤- ما أخطارُ الطبيعةِ التي تواجهُنا في حَياتِنا؟

٢ اقـــرأ.

١ نعم. تَبدأُ السلامَةُ بكَ أَنت. فأنتَ المسؤولُ عَن سلامتك، داخِلَ المنزِل وخارجَه. وباتّباعِك تَعليماتٍ بَسيطةً يُمكِنُكَ أن تتَجنَّبَ أخْطارًا كثيرةً، وتُوفِّرَ لنَفسِكَ الأمانَ والسّلامة.

السَّلامَةُ في الشارعِ: تَتَسَبَّبُ السَّياراتُ في وَفاةِ أعدادٍ كبيرةٍ من النّاس. لذلِكَ انتبِهْ جيِّدًا، وانظُرْ في الاتجاهَيْن قبل أن تعبُرَ الشّارع. وإذا كُنتَ راكِبًا درّاجةً فتجنَّب القِيامَ بحركاتٍ مُثيرةٍ في أثناءِ قيادةِ الدرّاجة. واتَّبِعْ علاماتِ المرورِ وإشاراته، وَسِر في الاتِّجاهِ نفسِه الّذي يسيرُ فيه الآخرون. أعْطِ إشارتَكَ دائِمًا قبلَ أن تَنْعطِفَ في تقاطُع، وكَذلِكَ قبلَ أن تتوقَّف.

٢ السّلامَةُ في المركَباتِ العامَّة: استِخْدامُ المركَباتِ العامَّةِ أكثرُ أمنًا مِن اسْتِخْدام المركَباتِ الخاصَّة. فسائِقو الحافلاتِ والقطاراتِ والطائِراتِ والمركَباتِ الأخرى المستعمَلَةِ في النَّقلِ العامِّ مُدرَّبون على حِمايَةِ رُكّابِهم وَسلامَتِهم. لا تُزاحِمْ عندَ رُكوبِ الترام أوْ مِترو الأنفاقِ، ولا تصْعَدْ إلاّ إذا نَزَلَ جَميعُ الرُّكّاب، والْتَزِمْ بالصُّعودِ والنُّزولِ مِن الأبوابِ المخصَّصةِ لِذلكِ وإيّاكَ أن تَقفِزَ مِن الحافلَةِ أو أيِّ مَركبةٍ أُخْرى في أثناء سيْرِها.

السَّلامَةُ تَبْدأُ بِكَ أَنت

٣ السَّلامَةُ في أماكِنِ التَّجَمُّعات: تَقَعُ كثيرٌ منَ الحَوادِثِ في الأماكِنِ الّتي تجْتَمعُ فيها النّاسُ، ومَعَ ذَلِكَ يُمْكِنُكَ تَجَنُّبُ الأخْطارِ باتِّباعِ بَعْضِ التَّوجيهات. عندَ دُخولِ مَسْرحٍ أو سينما أو مَطعَمٍ أو غيرِها مِنَ الأماكِنِ العامَّة، حاوِلْ دائمًا أن تعرفَ مخارجَ الطّوارئ. اخْتَرِ المخرجَ الّذي ستَسْتَخدِمُهُ في حالة حُدوثِ حريقٍ أو أي كارِثَةٍ أُخرى، وكُنْ حذِرًا في التَّجمّعاتِ والأماكِنِ المزْدحِمَةِ فَلا تَتَدافَعْ ولا تَتَسابَقْ.

٤ السَّلامَةُ في حالاتِ الطَّوارئ: تَتَمَثَّلُ حالَةُ الطَّوارئ في كارِثَةٍ طبيعيَّةٍ كَفَيَضانٍ أو زِلزالٍ أوْ سَيْلٍ أو إعصار. وَقَد تَنشَأُ مِن تَصادُمٍ أو حَريقٍ أو انفِجارٍ وغيرِ ذَلِكَ مِنَ المصائِبِ الّتي قدْ تَقَعُ بِصُورَةٍ مُفاجِئَةٍ بِحيْثُ يَصعُبُ التَّصرُّفُ فيها. فَفي أثناءِ الفَيَضان حاوِلْ أن تَذْهَبَ إلى مكانٍ مُرتَفِع، وخُذْ مَعكَ طعامًا وَملابس. وفي الإعصارِ تَحرَّكْ بِسُرعَةٍ نَحْوَ المَلجأ، وَيُمكنُكَ البَقاءُ في المنزِلِ إذا كانَ المَبنى مَتينًا أو كانَ في أرضٍ مُرتَفِعة. وإذا كُنْتَ داخِلَ المنزِلِ عندَ حُدوثِ زلزال، فاخْتَبِئْ تَحتَ مِنضَدَةٍ أو مَكتَب، أمّا إذا كُنْتَ خارِجَ المنزِلِ فابتعدْ عنِ المباني حَيثُ يُمكِنُ أنْ تُصيبَكَ الحِجارَةُ المتساقِطَة.

٥ السَّلامَةُ في العَمَل: إنَّ السَّلامَةَ مَسؤوليَّةُ كُلِّ فردٍ في المُجتَمَع. وَيَشتَرِكُ الأفرادُ وأصحابُ العَمَلِ والصِّناعةِ والحُكومَةُ في حِمايَةِ النّاسِ من الإصابَةِ أو الوَفاةِ بِسَبَبِ الحَوادِث. وَيَجِبُ على أصحابِ العمَلِ كَذلِكَ - أن يُوفِّروا لِعُمّالِهِم ظُروفَ عَمَلٍ آمِنَة، وأن يُقدِّموا لهُمْ بَرامِجَ تعليميَّةً في الأمْنِ والسَّلامَة، وأن يَجْهَزوا لَهُم مُعَدّاتٍ خاصَّةً بالسَّلامَة، وَمخارِجَ كافِيَةً للاسْتِعمالِ في حالَةِ الطَّوارِئ.

٣ اقرأ الشرحَ، واكتُب الكلمةَ أو التعبير:

١- .... : يبتعدُ عَنْ (فقرة ١)

٢- .... : مُصيبةٌ عَظيمةٌ (فقرة ٤)

٣- .... : ريحٌ شديدةٌ تُثيرُ الغُبارَ وماءَ البحر، وتتسبَّبُ في أمطارٍ غزيرةٍ (فقرة ٤)

٤- .... : ماءُ المطرِ الغزيرُ إذا تجمَّعَ فوقَ سطحِ الأرضِ وجَرى مسرعًا (فقرة ٤)

٥- .... : الموضِعُ الّذي يَقْطَعُ فيه شارِعان كلٌّ منُهما الآخَر. (فقرة ١)

٤ (أ) هاتِ من النَّصِّ مرادِفًا لكُلِّ كلمَةٍ مما يأتي:

١- مَوْتٌ (فقرة ١): ....

٢- يَنُطُّ (فقرة ٢): ....

٣- إرشاداتٌ (فقرة ٣): ....

٤- يُعِدُّ (فقرة ٥): ....

٥- مالَ (فقرة ١): ....

(ب) استخدمْ أحدَ المرادِفاتِ السّابِقَةِ في جُملَةٍ منْ عندِك:

٥ (أ) املأ الفراغَ بالمضادِّ في المعنى لكلِّ كلمةٍ تحتَها خط. (ابحث في النص):

١- .... الحصةُ في التاسعةِ وتنتهي في العاشرةِ إلاّ رُبعًا. (فقرة ١)

٢- أسئلةُ الامتحانِ .... وليْسَتْ مُعقَّدة. (فقرة ١)

٣- المدخَلُ من هُنا، أما .... فَهُوَ في آخِرِ المَمَرّ. (فقرة ٣)

٤- هاتِ الكرةَ، و .... هَذا المضرَبَ. (فقرة ٤)

(ب) ابحث عن معنى كُلِّ كلمةٍ مما يأتي في مُعْجَمِك:

١- طَوارِئُ: ....

٢- فَيَضانٌ: ....

٣- إيّاكَ: ....

بعد القراءة الثانية.

٦ ضع في المربع علامةَ (✔) أو (✘)، ثم صحِّح الخطأ:

	صحيح أو خطأ	التصحيح
١- أُنظرْ في الاتجاهَيْن: اليسارِ واليمينِ وأنتَ تعبُرُ الشارع.	☐	....
٢- استخدامُ المركباتِ الخاصَّةِ أكثرُ أمنًا من مَركباتِ النقلِ العام.	☐	....
٣- تَحدُثُ حالاتُ الطَّوارِئِ عادَةً بصورَةٍ مُفاجِئَة.	☐	....
٤- حاول أن تذهَبَ إلى مَكانٍ منخَفِضٍ في أثناء الفَيَضان.	☐	....
٥- تُعَدُّ مِطْفَأَةُ الحَريقِ منَ المُعداتِ الخاصَّةِ بالسَّلامة.	☐	....

٧ اكتبْ عُنوانَ الفِقرةِ الّتي تشتملُ على كُلٍّ مما يأتي:

١- مخارج الطّوارِئ: ....

٢- ظُروف العَمَلِ الآمنة: ....

٣- قِيادَة الدَّراجَة: ....

٤- الإعصار: ....

٥- مِترو الأنفاق: ....

٨ أجب:

١- اشرح المقصودَ بعبارة: «السَّلامَةُ تبدأُ بِكَ أنتَ».

....

٢- ما الواجِبُ علَيْكَ عندَ عُبورِ الشارع؟

....

٣- ما النصائحُ الأربعُ للشَّخص الذي يريدُ اسخدامَ المركَباتِ العامَة؟

....

٤- اذكُرْ أخطَرَ الكوارثِ الطبيعيةِ الّتي تصيبُ النّاس.

....

٥- ما واجِبُ أصحابِ العملِ نحوَ عُمّالِهم في ميدانِ السَّلامة؟

....

٩ ادرس

ثانيًا: أفعالٌ تعملُ عمَلَ «كان»
أفعالُ المقارَبَةِ والرَّجاء والشُّروع

اسم أوشك — خبر أوشك

(أ) أوشَكَ الحادثُ أن يَقَعَ.
يكادُ الشارعُ يمتلئُ بالسّيارات.
تَدُلُّ على المقاربة (قرب وقوع الخبر).

(ب) بَدَأَ الفيضانُ يغرقُ الحقولَ.
أخذَ الناسُ يتحركون نحو الملجأ.
أنشأ رجالُ المطافئ يطفئون الحريق.
جعَلَ الطالب يكتبُ الواجب.
تدُلُّ على الشروع في الخبر.

فعل من أفعال الشروع — اسم (جعل) مرفوع — خبر (جَعلَ) في محل نصب

(ج) عَسى المجتهدُ أنْ يَنْجَحَ
يدُلُّ على الرجاء (رجاء حدوث الفعل).

١٠ ارسم دائرة حول اسم "كاد" وأخواتها، واضبطه بالشكل، ثم عيِّن خبرَها، وضَعْ خطًّا تحته:

١- شرعَ محمدٌ يقرأُ.
٢- توشِكُ الطائرةُ أن تَصِلَ.
٣- عَسى المطَرُ أن يَتَوَقَّفَ.
٤- أخذتِ السياراتُ تملأُ المكانَ.
٥- كادَ الإعصارُ يهدمُ البيت.
٦- أوْشكتِ الكرةُ أن تدخُلَ المرمى.

١١ أكمل كل عبارة من العبارات الآتية بخبر مناسب من القائمة:

١- كادَ الدرسُ .... أن ينتهي
٢- أوْشكَتِ الحافِلة .... يتحرك
٣- عَسى المسافِرُ .... أن يرجع سالماً
٤- بدأ المهندسُ .... ينفذ المشروع
٥- أخذَ الوزراءُ .... يتوافدون
٦- شَرعَ الصَّحفيَّانِ .... يكتبان المقالات
٧- جعلتِ الطالباتُ .... يقرأن الدرس
٨- أنشأ التلاميذُ .... يجيبون عن الأسئلة

(أ) يتحركُ
(ب) يُنفِّذ المشروع
(ج) يكتُبانِ المقالات
(د) يجيبون عَنِ الأسئلة
(هـ) يقْرأنَ الدَّرسَ
(و) أن ينتَهِي
(ز) يَتوافَدون
(ح) أن يرجِعَ سالمًا

١٢ املأ الفراغات بفعل من أفعال المقاربة أو الرجاء أو الشروع، وَبَيِّن نوعَهُ:

	الفعل		نوع
١-	أوشك	القطارُ أن يتحرك.	من أفعال المقاربة
٢-	....	أمَلُكَ أن يتحقق.	....
٣-	....	الطائِرةُ تُحلِّقُ في السماء.	....
٤-	....	الأزهارُ تَتَفتحُ.	....
٥-	....	الطالبُ يقرأ القِصَّة.	....
٦-	....	الدَّرسُ ينتهي.	....
٧-	....	اللاّعبون ينزلون إلى أرض الملعَب.	....
٨-	....	المدرّسات يَدْخُلْنَ الغرفةَ.	....

القواعد:

١- أفعال المقاربة والرجاء والشروع تعمل عمل «كانَ»، ولكنها تختلف عنها في أن خبرها لا يكون إلا جملة فعلية فعلها مضارع.

٢- أوشك وعسى يقترنان بـ «أنْ».

٣- جميع أفعالِ الشروع تجرَّدُ من «أنْ».

٤- قد تستخدمُ بعض أفعال الشروعِ بوصفها فعلاً تامًّا وليس ناقصًا مثل: بَدأ الدرسُ في السابعة، أخذَ ياسِرٌ الهدية، أنشأ المهندسُ العماراتِ.

أولاً: قبل الاستماع:

١٣ أجبْ عن الأسئلةِ الّتي تسمعها من المعلم. (شفَهيًّا):

ثانياً: استمع إلى القصة جيدًا، ثم أجب عن الأسئلة:

اختر التكملة المناسبةَ لكل عبارة تسمعها بوضع علامة (صح) في المربع بجوارها.

	(أ)	(ب)	(ج)
١-	☐ (أ) ظُهرًا	☐ (ب) بَعدَ الظُّهر	☐ (ج) في المساء
٢-	☐ (أ) بُرج المراقبة	☐ (ب) المحطَّة	☐ (ج) قُضبان القطار
٣-	☐ (أ) مكسور	☐ (ب) قديم	☐ (ج) مفتوح
٤-	☐ (أ) سائِق القِطار	☐ (ب) مراقبِ القِطار	☐ (ج) محطة القِطار
٥-	☐ (أ) يُسَلِّمَ عليه	☐ (ب) يُسرعَ بقَطاره	☐ (ج) يُهَدِّئَ السرعة

١٤ هل تعرفُ الكلمةَ السِّريَّة؟

- اقرأ المعنى أو التعريف لتفهم الكلمة المطلوبة.
- رتِّب الحروفَ داخل المستطيل. واكتبها مُرَتَّبَةً في المربعات.
- اكتب الحروف التي في الدوائر في المستطيل أسفلَ الصفحة لتعرف الكلمة السِّريَّة.

١- مضاد مفتوح

م	(غ)	ل	ق
ل	م	ق	غ

٢- مرادف "نافذة"

		◯	
ك	ا	ش	ب

٣- نقرأ فيه

			◯
ب	ك	ا	ت

٤- وسيلة مواصلات

				◯
ا	ة	د	ج	ر

الكلمة السِّرّيَّة: (غ) ◯ ◯ ◯ ....

١٥ إذا حَدَثَ هَذا الموقفُ أمامَكَ، فماذا تفعل؟

١- الأعمى يسير على الرصيف، وهناك حفرة عميقة في طريقه. فماذا تفعل؟

٢- الطفل الصغير سيمسك بفنجان الشاي الساخن الذي على المنضدة. فماذا تفعل؟

٣- وقعت الأكياس من المرأة وهي خارجة من السوق المركزية. فماذا تفعل؟

٤- أخذت حقيبة أحد زملائك خطأً. فماذا تفعل؟

١٦

املأ البيانات الخاصة بك في بطاقة الاشتراك بالمعسكر الصيفي الذي تنظِّمُهُ جَماعة الكشّافةِ بالنّادي الرِّياضيّ:

المعسكر الصيفي

اسم المدرسة: ....

....

اسم التّلميذ: ....

....

السنة الدراسية: ....

....

تاريخ الميلاد: .... السِّنّ: ....

اللُّعبة الرياضية التي يُمارسها: ....

....

الهواية: ....

....

اسم المدينة/القرية: ....

....

الهاتف: ....

....

المشرف الرياضي

....

الدرس ٢٥ عبدُ الكريمِ والتَّمر (قصة)

قبل القراءة الأولى

١ أجب.

١- مِن أينَ نأخُذُ التَّمر؟

٢- لماذا يحبُّ الناسُ التَّمْرَ؟

٣- اذكرْ بعض الأشياءِ البسيطة التي لا يمكننا الاستغناء عنها.

٤- ما أكثر شيءٍ ينفعُ الطالِبَ في دراستِه؟

٢ اقرأ.

١ أقامَ أحدُ أغْنياءِ الفلاّحينَ وليمةً بِمُناسَبَة زواج ابنته، ودَعا جيرانَه وأصدقاءَهُ لحُضورِ الوليمَة. وكان عبدُ الكريمِ الفلاحُ الطَّيبُ من بَيْنِ المدعُوّين. خرجَ عبدُ الكريم منْ منزلِهِ قبْلَ غروبِ الشَّمس، لأنَّ الطريقَ إلى القريةِ التي فيها الوليمةُ طَويل.

٢ وفي أثناءِ سيرِهِ رأى عبدُ الكريم على جانبِ الطريقِ سلةً بِها بعضُ التمرِ الحُلو. تخيَّلَ عبدُ الكريم الطعامَ اللذيذَ الكثيرَ الذي سيتناوَلُهُ في الوَليمة، فاقتَرَبَ منَ السَّلة ورَكَلها بقدمه، فانقلبَتْ وتبَعْثَرَ التَّمرُ في التُّراب. ضَحكَ عبدُ الكريم وقالَ لنفسهِ: «لا حاجَةَ بي اليومَ إلى هذا التَّمر، سوْفَ أتناوَل في الوليمة طَعامًا شَهيا كثيرًا، أمّا التمرُ، فسأتْرُكُهُ لتأكلهُ الماشيةُ والطّيور.

٣ واصَلَ عبدُ الكريم طريقَه إلى حَفْل الزواج. وكانت هناكَ قناةٌ صَغيرةٌ تقْطَعُ الطريق، ولابدَّ لعبْد الكريم من أنْ يعبُرَها إلى الجانِبِ الآخرِ ليَصلَ إلى مكانِ الوليمة. ولم يَكُنْ هناكَ جِسْرٌ قريبٌ يعْبرُ علَيْه عبدُ الكريم، اعتادَ عبدُ الكريم أن يقْفزَ منْ جانِبِ القناةِ إلى الجانبِ الآخَر، لأنَّ الماء فيها لَمْ يكُنْ عَميقًا، ولأنَّ عَرضَ القناة لا يَزيدُ على مترٍ واحِد.

٤ فوجئَ عبدُ الكريم – في ذلكَ المساءِ – أنَّ الماءَ قدْ ارتفَعَ في القناةِ ارتفاعًا كبيرًا واتسَعَ سطْحُهُ حتَّى زادَ على ثلاثةِ أمتار. وأخذَ عبدُ الكريم يَسيرُ على شاطئ القناةِ مرَّةً إلى اليَمين، ومرَّةً

عبْدُ الكَريمِ والتَّمْر (قصة)

إلى اليَسار، يَبْحثُ عنْ موْضعٍ ضيِّقٍ من القناةِ يستطيعُ أن يقْفزَ منهُ إلى الجانب الآخر، لكنَّهُ لم يجدْ. واصَلَ عبدُ الكَريم السَّيرَ على الشاطئ مسافةً طويلة، وكانَ ارتفاعُ الماء يزدادُ في القناةِ شَيئًا فشيئًا، وسطَحُهُ يزدادُ اتساعًا، بيْنَما أخذَت الشمسُ تميلُ إلى الغُروب.

٥ بدأَ الطَّريقُ يُظْلِمُ، وَتَذكَّر عبدُ الكَريم أنَّ هَذا اليوْمَ هُو بدايةُ الفترةِ التي تأخُذُ قَرْيتُه خلالَها نَصيبَها من الماء لِرَي الزَّرْع، فَتَمْتَلئ القناةُ بالماءِ بسبب فتْح السَّدِّ الذي يأتي بالماء من النَّهْر، وعندمَا يزدادُ ارتفاع الماء في القناة يتَّسعُ سطْحُها ولا يَستَطيعُ أحد عُبورَها.

٦ وَقفَ عبدُ الكريمِ حائرًا حَزينًا ينظرُ إلى مَلابسهِ الجديدة الغاليةِ وقد أحسَّ بالتّعب. تصوَّرَ عبد الكريم كيفَ سيكونُ شكلُهُ إنْ هو قَفَزَ ووقَعَ في الماء. وأخيراً قال: «لنْ أتمكّنَ منْ عُبورِ هذه القَناة، ولنْ أستطيعَ الذّهابَ إلى الوَليمَة». وهكذا استدار عبدُ الكريم عائدًا إلى بيْته.

٧ كانَ الوقتُ قَدْ تأخَّر، سارَ عبدُ الكريمِ والقمر يُضيءُ الطَّريقَ، بدَأ عبدُ الكريم يشْعُرُ بالجوع الشديد، وكُلَّما سارَ اشتَدَّ إحساسُه بالجوع. قالَ عبد الكريمِ لنفسهِ: «يحْسُنُ بي أنْ أجْلِسَ قليلاً، لكنَّ الجلوسَ معْناهُ جُوعٌ أكثرُ! وفي الوقتِ نفسه صِرتُ غيرَ قادر على السَّير».

٨ كانَ عبدُ الكريم يشعُرُ بالجوعِ والتَّعب، وتذكَّرَ فجأةً التَّمْرَ الذي ألقى به في التُّراب. «أين هُوَ يا تُرى؟!» أخَذَ عبدُ الكريم يبْحَثُ في ضوْء القمَر لعَلَّهُ يعْثُرُ عَلى ذَلكَ التمرِ الذي ركَلَهُ بقدَمِه، بعد قَليلٍ شاهَدَ عبدُ الكريم السَّلَّة، وأخذَ يتحسَّسُ الأرضَ حوْلَ السَّلةِ في لَهفةٍ شديدة، ويتناوَلُ حَباتِ التَّمر، ويَمْسَحُ عَنْها الترابَ، ويأكُلُها. كَمْ كانَ عبدُ الكريم سَعيدًا وهوَ يَمضُغُ ذلكَ التَّمر الذي رَمى بِهِ إلى الأرض مُنذُ ساعات!

٩ عادَ عبد الكريم إلى منْزلِهِ وهوَ يقولُ لنفسِه: «لا تَرم شَيئًا لهُ فائدة - مَهْما كانَ بَسيطًا - فقد يُسعدُكَ أنْ تَجدَه عندَما تحتاجُ إليْه، والذي لا ينْفعُكَ اليومَ قدْ تحتاجُ إليه غَدًا!».

القسم الثاني

٣ اقرأ الشرحَ أوالتعريفَ، واكتُبِ الكلمةَ منَ النَّصّ:

١- (فقرة ١) دَعوةٌ إلى تناوُلِ طَعامٍ: ....

٢- (فقرة ٢) ثَمرُ النَّخلِ إذا كانَ يابِسًا: ....

٣- (فقرة ٢) وعاءٌ منَ القَصَبِ أوْ نحْوِه تُحمَلُ فيهِ الفاكِهةُ أوْ غيرُها: ....

٤- (فقرة ٣) مَجْرًى للماءِ: ....

٥- (فقرة ٦) طافَ حوْلَ مكانِ وُقوفِهِ، وتوجَّه إلى الخلْف: ....

٤ هاتِ منَ النَّصّ مرادِفَ كُلِّ كلمةٍ مما يأتيَ، واستعملْهُ في جُملة من عندك:

١- لَذيذٌ (فقرة ٢): ....

٢- اسْتمَرَّ (فقرة ٣): ....

٣- يَجِدُ (فقرة ٨): ....

٤- المشْيُ (فقرة ٧): ....

٥- يُفيدُ (فقرة ٩): ....

٥ املأ الفراغَ بالمضادِّ في المعنَى لكلِّ كلمةٍ تحتَها خطٌّ في العبارات الآتية:

١- ابتعدْ عَنِ النّارِ، ولا .... منها.

٢- ابحثْ للمُعسْكَرِ عَن مكانٍ واسِعٍ، أفضلَ من هذا المكانِ الـ ....

٣- عندما تنقطعُ الكهْرَباءُ ويُظْلِمُ المكانُ، .... هذا المصباحُ الغُرفَةَ.

٤- اِطمأنَّ الفقيرُ لَمّا شَعَرَ بالشَّبَعِ بَعْدَ ....

٥- .... الشاهِدُ كُلَّ ما نَسِيَ مِن أحداثٍ.

٦- لا تَخَفْ مِمَّنْ لا .... ولا يَضُرُّ.

May 17 2026

بعد القراءة الثانية.

٦ ضع في المربع علامة (✓) أو (✗)، ثم صحّح الخطأ:

	صحيح أو خطأ	التصحيح
١- أقامَ الغنيُّ الحفلةَ بمناسبةِ نَجاح ابنتِه.	✓	....
٢- خَرَجَ عبدُ الكريم مِن منزلِهِ بعدَ غُروبِ الشمس.	✗	....
٣- وَجَدَ عبدُ الكريم سلَّةَ تَمْرٍ على الأرض.	✓	....
٤- استطاعَ عبدُ الكريمِ أن يعْبُرَ القناةَ إلى الجانبِ الآخَر.	✓	....
٥- تناولَ عبدُ الكريم في أثناءِ العودةِ بعضَ التَّمر بسببِ الجوع.	✗	....

٧ اذكُرْ رقْمَ الفِقرةِ الّتي وَرَدَتْ فيها كُلُّ فكرةٍ مما يأتي:

(5) عبدُ الكريم يعثُر على سلَّةِ التَّمر.

(1) عبدُ الكريم يَقِفُ حَزينًا وَقد أحسَّ بالتعب.

(3) عبدُ الكريم يتناوَلُ حبّاتِ التمرِ في سَعادة.

(2) عبدُ الكريم يُفاجَأُ بارتفاعِ ماءِ القناةِ واتِّساعِ سطحِها.

(4) الوَقْتُ تأخَّرَ، والقَمَرُ يُضيءُ لعَبدِ الكريمِ الطَّريق.

٨ ضع في المربّع علامة (✓) أمام الإجابة المناسبة لكلِّ سؤال:

١- ما أهَمُّ كلمةٍ في الفقرةِ الثانيةِ؟

☐ (أ) الوَليمَة　　☑ (ب) التَّمْر　　☐ (ج) الطَّعام

٢- ما الفكرةُ الرئيسةُ في هذهِ القِصّةِ؟

أ- على صاحِبِ الوَليمةِ في الرّيفِ تَهيئةُ وَسائلِ النَّقْلِ لجميعِ المدعوّين. ☑

ب- يَنبغي على المسؤولين أنْ يُقيموا جُسورًا فَوْقَ القنواتِ ليعْبر عليها الناس. ☐

ج- لا يَجِبُ أن يرمِيَ المرْءُ شيئًا - مَهْما كانَ بسيطًا - فقدْ يُسعِدُهُ أنْ يَجِدهُ عندَ الحاجَة. ☐

إنَّ وأخواتها

٩ ادرس.

(أ)

	معناها
١- إنَّ التمرَ لذيذٌ الطعم. (اسم إن منصوب - خبر إن مرفوع)	تفيد التوكيد (تأتي في بداية الكلام)
٢- علمت أنَّ قناة السويس تربط بين بَحْرَين.	تفيد التوكيد (تأتي في وسط الكلام)
٣- لعلَّ الجوَّ جميلٌ اليومَ.	تفيد الرجاء.
٤- كأنَّ السيارةَ صاروخ في السرعة.	تفيد التشبيه
٥- الطالِبُ مهمل لكنَّ أخاه مجتهد.	تفيد الاستدراك
٦- ليت القمر ساطِعٌ الليلة. (اسم ليت منصوب - خبر ليت مرفوع)	تفيد التمنّي

(ب) خبرها قد يكون جملة أو شبه جملة:

إنَّ التَّمْرَ طعْمُهُ لَذيذٌ. (جـملة اسمية)

إنَّ التمرَ يُعطي الطاقة للجسم. (جـملة فعلية)

إنَّ التِّمْرَ فوقَ الشجرة. (ظـرف) شبه جملة

إنَّ التِّمْرَ في السَّلَّة. (جار ومجرور) شبه جملة

١٠ أدخل إن أو إحدى أخواتها أو كان أو إحدى أخواتها على الجمل الآتية حسب المطلوب، مع الضبط بالشكل كُلَّما أمكن:

١- التلميذاتُ فاهماتٌ الدَّرسَ. (صارَ) ....

٢- الضيفان جالسان في هذه الحجرة. (أظنُ أنَّ) ....

٣- مُديرا الشركة مسافران إلى لندن (علمت أنَّ) ....

٤- محمدٌ طبيبٌ مشهورٌ. (أصبَحَ) ....

٥- الصديق الوَفيُّ أخٌ في الشِّدَّة. (كأنَّ) ....

٦- مُعلِّمو الصفِّ نشيطون. (إنَّ) ....

٧- أنتُم أُسودٌ في حرب الأعداء. (كأنَّ) ....

٨- مُوظَّفو الحكومةِ مخلِصون في عملهم. (لعَلَّ) ....

١١ اخترْ من القائمة الخبرَ المناسبَ لكل عبارة مما يأتي:

(أ) مُعتَدلٌ
(ب) قائمٌ بين الناس
(ج) آباءٌ
(د) نافعٌ
(هـ) أُمَّهاتٌ
(و) في الصِّدق
(ز) بخَيْر
(ح) سَببُ الفَشَل

١- كأنَّ المعلِّمين..............................
٢- لَعَلَّ أباكَ..............................
٣- إن الجوَّ..............................
٤- علمتُ أن الإهمالَ..............................
٥- لَيْتَ العدلَ..............................
٦- آمنتُ أنَّ النَّجاةَ..............................
٧- لَعَلَّ الكتابَ..............................
٨- كأنَّ المدرِّساتِ..............................

١٢ أعدِ الجملَ التاليةَ مضبوطةً بالشكل بعدَ حذْفِ ما تحته خط:

١- إنَّ العملَ واجِبٌ على كُلِّ إنسان. ....
٢- لَيْتَ مُوَظَّفي الشركةِ حاضرون. ....
٣- كُنتُمْ مُصَدِّقينَ لهذا النَّبأ. ....
٤- أصبَحْتُما صديقَيْن متحابَّيْنِ. ....
٥- إنَّ حُبَّ الوَطَنِ مِن الإيمان. ....
٦- أعتقدُ أنَّ طُلابَ الصَّفِّ مُجتهِدون. ....
٧- ليْسَت الطالبتان مشتركتَين في الرحلة. ....
٨- كان خالدُ بن الوليد قائدًا عظيمًا. ....

القواعد:

١- "إن" وأخواتها من الحروف الناسخة، فهي تدخل على الجملة الاسمية فتنصب المبتدأ ويسمَّى اسمَها، وترفعُ الخبرَ ويُسمَّى خبرَها.

٢- خبرُ «إنَّ» وأخواتها قد يكونُ مفردًا (أي ليس جملة ولا شبه جملة)، أو جملةً فعليةً أو اسميةً، أو شبهَ جُملة. (ظرْفًا أو جارًّا ومجرورًا)

أولاً: قبل الاستماع:

١٣ أجبْ عن الأسئلةِ الّتي تسمعها من المعلم. (شفَهِيًا):

ثانيًا: استمع إلى الموضوع جيدًّا:

والآن .. أجب عن الأسئلة باختصار.

١- كَمْ وَلدًا وبنتًا لعبدِ الرحمن؟ ....

٢- مَتى تزورُ أسرةُ عبدِ الرحمن الأقارِبَ؟ ....

٣- أينَ تسكُنُ الخالة؟ ....

٤- إلى أينَ تأخذُ الخالَةُ الأبناء؟ ....

٥- ماذا يُعلِّمنا هَذا الموضوع؟ ....

١٤ (أ) صِل بينَ الكلمتَينْ اللّتَينْ تأتيان معًا:

١- قِراءَة	(أ) السَّيارَة
٢- لَعِب	(ب) الطّعام
٣- طَبْخ	(ج) العَصير
٤- قِيادَة	(د) الكِتاب
٥- شُرب	(هـ) الكُرَة

(ب) استخدمْ كلمتَين مِنها فى جُملَةٍ من عندِك:

الكلمتان: ....

الجملة: ....

١٥ ماذا تَقولُ في المواقِفِ الآتية؟

١- تَعتَذِرُ لعمِّك لأنكم لَنْ تذهبوا إلى بيتهِ الليلةَ لتناوُلِ العَشاء، وتذكرُ السببَ فماذا تقول؟

٢- تُريدُ من صَديق لَكَ أن يصحبَكَ مع أسرتِك إلى معرضِ الكتابِ يَومَ السبتِ القادم. وضِّح كيف تتقابلان، ومَتى يرجِعُ إلى بَيْتِه. فماذا تقول؟

٣- دَخَلْتَ محلاً لبَيْعِ الساعات لتشتَريَ هديةً لوالدتك. فماذا تقولُ للبائع؟

٤- تَطْلُبُ من المعلِّم أن يُعيدُ شرحَ الدرسِ لأنك لم تفهمْه. فماذا تقول؟

١٦ أكمل القصة الآتية فيما لا يقلُّ عن ٤٠ كلمة (ابدأ شفهيًّا ثم كتابةً):

اتَّفقْتُ مَعَ ثلاثَةٍ من أَصدقائي على أَنْ نَخرُجَ في جَوْلَةٍ بالدَّراجات. سرنا مَعًا في شارعٍ طَويل. اِقترَبْنا مِن جِسرٍ صَغيرٍ فَوْقَ تُرعَة. أسرَعَ أحمَدُ بدرّاجَتِهِ لِيَسبقَنا ....

....

....

....

....

....

....

....

....

....

....

....

....

الدرس ٢٩ أهمِّيَّةُ الاتِّصالاتِ في حَياتِنا

قبل القراءة الأولى

١ أجِب.

- ١- اذكرْ أربعةَ أجهزةٍ تُسهِّلُ الاتصالَ بَيْنَ الناس.
- ٢- كيفَ يمكنُ أن نُعدَّ ورَقةً صغيرةً وَسيلةَ اتصال؟
- ٣- لِمَ يُفضِّل الناسُ وسيلةَ الاتصالِ الصوتيةَ المدعومةَ بالصور؟
- ٤- اذكرْ وسيلَتَينْ للاتصال يُوفرهما الحاسوبُ للنّاس.

٢ اقرأ.

❶ إذا انظَرْنا حَوْلَنا فسَنجدُ أَنَّ الاتِّصالاتِ في كُلِّ مكان. فأكثرُ المُدُنِ الكُبرى بها جرائِد يوميَّة، وكثيراً ما نُلاحظُ سُعاةَ البَريدِ يُسلِّمون الرَّسائِلَ والطُّرود. والفضاءُ فَوْقَنا وحَوْلَنا يحتوي عَلى موجاتٍ إذاعيةٍ وتلفزيونية يُمكِنُ أن يَلتقطَها جهازا الرّاديو والتلفزيون في أيِّ وَقت، ويَحوِّلاها إلى أصواتٍ وَصُوَر. إننا نستخدِمُ الاتِّصالاتِ في حياتِنا بطرُقٍ مختلِفة: في المنزِل، والمدرَسَة، والعَمَل، والصِّناعة.

❷ تُستعْمَلُ في المنزِلِ أنواعٌ عديدَةٌ من الاتِّصالاتِ الشَّخصِيَّة والعامَّة. فالراديو المُزوَّدُ بساعَةٍ يُعرِّفُنا الوَقت، وَيوقِظُنا في الصَّباح، وَينقُلُ لَنا آخرَ الأخبار. والتلفزيونُ يمُدُّنا بالأخبارِ المَحلِّيَةِ والعالَميةِ ساعَةَ حُدوثِها، ويُمكِّنُنا - كذلِكَ - منَ التَّحدُّثِ مَعَ أشخاصٍ قَريبين أو بَعيدين. وقد تُخبرُنا مُذكِّرةٌ في وَرَقَةٍ صغيرةٍ مِن أحَدِ أفرادِ الأُسرَةِ أنَّ صَديقًا قد اتَّصلَ، أو تذكِّرُنا بِميعاد. والحاسوبُ «الكُمبيوتَر» يُساعِدُ الأبناءَ في حَلِّ

أهمِّيَّةُ الاتِّصالاتِ في حَياتِنا

واجباتِهم، وَيُزَوِّدُهم بالمعلوماتِ المختلِفَة، ويُسهِّلُ لهُمُ الاتِّصالَ بأصدقائِهم ومُحادثَتِهم أو استِقبالَ الرَّسائِلِ الإلكترونيةِ عَبْرَ شَبكةِ «الإنترنت».

٣ في المدرَسَةِ يستخدمُ المدرِّسون أنواعًا مختلفةً مِن طُرُقِ الاتِّصالِ لمساعدَةِ تلاميذِهم على التَّعلُّم. فكثيرًا ما يوجهّون مناقشَةً جماعِيَّةً أو يُديرون مُناظَرَة. وتُعَدُّ الكتبُ المدرسيةُ مِن أكثرِ وَسائِلِ الاتِّصالِ العامَّةِ استِعمالاً في المدارِسِ وَيستَخدِمُ المدرِّسونَ - كذَلِكَ - البطاقاتِ واللَّوحاتِ والتَّسجيلاتِ والأفلام. وتأخذُ الأفلامُ الدّارسينَ إلى أماكِنَ بَعيدةٍ كَقاعِ المُحيط، أو القُطبِ الجنوبيّ. وفي بعض المدارِسِ الحديثة دائِرَةٌ تلفزيونيَّةٌ مُغْلَقَةٌ تبُثُّ للتلاميذِ دُروسًا يَتَلقَّوْنها مِن خِلالِ التلفزيوناتِ الموجودةِ داخلَ الفُصول، تُمكنهُمُ مِن مُشاهَدةِ أحداثٍ مُهمَّةٍ كإطلاقِ سَفينةَ فضاء، أو خِطابٍ يُلقيهِ رَئِيسُ دَوْلة.

٤ يُمكنُ للباحِث عَنِ المعلومَةِ الدُّخولُ إلى الشَّبكةِ العالميَّةِ للمَعلوماتِ «الإنْتَرنِت» عَن طَريقِ الحاسوب واستِخراج ما يَلْزمُهُ مِن مَعلوماتٍ مُدعومَةٍ بالصُّوَر. ويستطيعُ مُستخدمُ الشَّبكةِ - كَذلِكَ - مُناقشَةَ أيِّ موضوعٍ يَهمُّهُ مَعَ الآخرين في مختَلَفِ أنحاءِ العالَم بالصَّوتِ والصّورةِ وَهوَ جالِسٌ في بَيْتِه، فيُشاهِدُ وَيَسْمَعُ مَنْ يكلِّمُه، ويُكوِّنُ صَداقاتٍ جَديدَة. وقَدْ أصبحَ لمُستخدِمي الشَّبكَةِ - في الوَتِ الحاضِر - صَناديقُ (بَريد إلكترونيّ) تَسمَحُ لَهُم بإرسالِ الرَّسائِلِ واستقبالِها عبْرَ العالَمِ في ثَوانٍ مَعدودَةٍ وَدونَ مُقابِل.

٣ صِل بينَ الكلمة والشرح أو التعريف:

١- يَوْمِيَّة (فقرة ١)
٢- طَرْدٌ (فقرة ١)
٣- قاعٌ (فقرة ٣)
٤- قُطْبٌ (فقرة ٣)
٥- مُناظَرَةٌ (فقرة ٣)

(أ) طَرَف مِحْوَرِ الأرضِ
(ب) مُناقَشَةٌ علميَّة
(ج) تَصْدُرُ كُلَّ يَوْمْ
(د) ما يُرسَلُ في البريدِ مِن بِضاعَة
(هـ) أَسفَل المكان، مُنْتَهَى العُمْق

٤ (أ) استخرج من النصِّ مُرادِفَ كُلِّ كلمةٍ مما يأتي:

١- يُغيرِّ (فقرة ١): ....

٢- خِلال (فقرة ٢): ....

(ب) صِل بينَ التعبيرِ والمرادِف:

٣- عَنْ طَريق
٤- في الوَقْتِ الحاضِر
٥- دونَ مُقابِل

(أ) مَجَّانًا
(ب) بِواسِطَة
(ج) الآنَ

٥ املأ الفراغ بالمضاد في المعنى لكل كلمة تحتها خط:

١- أكثَرُ الطَّلاب بذَلوا .... جَهْدٍ في الدِّراسَة.

٢- نُهى هِي أختي الكُبرَى، أمّا عَفاف فأُختي ....

٣- سافرَتِ البَعثةُ مِن القُطْبِ الجنوبيِّ إلى القُطْبِ ....

٤- تعمَلُ المحطةُ عَلى إرسالِ الموْجاتِ، وتَقومُ التلفزيوناتُ بالـ ....

٥- كُرَةُ القَدَم لُعبةٌ جماعيَّةٌ، أمّا الإسكواش فلُعْبَةٌ ....

بعد القراءة الثانية.

٦ ضع في المربع علامة (✔) أو (✘)، ثم صحِّح الخطأ:

	صحيح أو خطأ	التصحيح
١- يُحوِّلُ الرّاديو المَوْجاتِ إلى صُوَر.	☐	....
٢- التلفزيونُ وَسيلَةُ اتّصالٍ مَرئِيَّة ومَسموعة.	☐	....
٣- تعدُّ الكتُبُ المدرسيةُ من أهمِّ وَسائِلِ الاتِّصال.	☐	....
٤- يُمكنُ إرسالُ الرسائِل عبْر البريدِ الإلكتروني دونَ مقابِل.	☐	....
٥- وَسائِلُ الاتِّصالِ الحدَثيةِ اختَصَرتِ الوقْتَ والمسافات.	☐	....

٧ ضَعْ عنوانًا مناسبًا لكل فقرةٍ من فقرات الموضوعِ الأربع:

عنوانُ الفقرة الأولى: ....

عنوانُ الفقرة الثانية: ....

عنوانُ الفقرة الثالثة: ....

عنوانُ الفقرة الرابعة: ....

٨ اخترِ الجوابَ الصحيحَ بوضع علامة (✔) في المربع:

١- الفكرةُ الرئيسةُ في الفقرة الأولى.
- ☐ أهميةُ الجرائدِ اليومية في نشرِ الأخبار.
- ☐ الاتِّصالاتُ حَوْلَنا في كُلِّ مكان.
- ☐ دَوْرُ جهازَيْ الرّاديو والتلفزيون في الاتصالات.

٢- تَتَحدَّثُ الفِقرةُ الثانيةُ عن استخدامِ وسائل المواصلات في:
- ☐ المدرسة
- ☐ المنزِل
- ☐ العمل

٣- أهمُّ كلمةٍ في الفِقرةِ الثالثة:
- ☐ المناظَرات
- ☐ البِطاقاتُ
- ☐ الكُتُبُ

٤- تُعدُّ الشبكةُ العالميةُ للمعلومات «الإنترنِت» أفضلَ وسيلة اتِّصالٍ في العالم» تعبِّر هذه العبارةُ عَنْ:
- ☐ حَقيقة
- ☐ رَأي

٩ ادرس

اسم «لا» النافية للجنس

١ مُضاف (معرب)

(أ) لا حارِسَ مخزنٍ موجود.
- حارسَ مخزنٍ: اسم لا النافية للجنس منصوب بالفتحة
- موجود: خبر لا النافية للجنس مرفوع بالضمة

(ب) لا حارسَي مخزنٍ مَوْجودان
- حارسَي مخزنٍ: اسم لا منصوب بالياء «وحذفت النون»
- مَوْجودان: خبر لا مرفوع بالألف

٢ شَبيه بالمضاف (معرب)

لا سائقًا سيارةً غافلٌ.
- سائقًا سيارةً: اسم لا النافية للجنس منصوب بالفتحة
- غافلٌ: خبر لا النافية للجنس مرفوع بالضمة

لا سائِقين سيارةً غافِلون.
- سائِقين: اسم لا منصوب بالياء (حذفت النون للإضافة)

٣ مفرد (مبني)

لا مُجْتهِدَ فاشِلٌ.
- مُجْتهِدَ: اسم لا النافية للجنس مبني على الفتح
- فاشِلٌ: خبر لا النافية للجنس مرفوع بالضمة

لا مجتهداتِ فاشلاتٌ.
- مجتهداتِ: اسم لا النافية للجنس مبني على الكسر (يُبْنى على ما يُنصبُ به)
- فاشلاتٌ: خبر مرفوع بالضمة

١٠ ضع علامة (✔) على السطر في العمود المناسب:

العبارات	(أ) مضاف منصوب	(ب) شبيه بالمضاف منصوب	(ج) مفرد مبني على الفتح
لا طالِبَ علم مُهمِلٌ.	....	....	....
لا مُؤَدِّيًا واجِبًا مكروهٌ.	....	....	....
لا عامِلَ بناءٍ مُرْتاحٌ.	....	....	....
لا مُهَنْدسَ مَوْجودٌ.	....	....	....
لا مهندساتِ شركةٍ غائباتٌ.	....	....	....
لا مُهْمِلَ دُروسٍ ناجِحٌ.	....	....	....
لا مُرَبِّيًا طفلاً نادِمٌ.	....	....	....
لا مسافِرَ متأخِّرٌ.	....	....	....

١١ اختر من الصندوق الإعراب المناسب لكل كلمة تحتها خط، واكتبه على السطر بجوارها: (قد يتكرر الإعراب نفسه في أكثر من موضع)

اسم لا النافية للجنس: (أ) مبني على الكسر (ب) مبني على الفتح _ج) منصوب بالياء (د) منصوب بالفتحة (لأنه مضاف) (هـ) منصوب بالفتحة (لأنه شبيه بالمضاف)

١- لا زَميلَيْ دراسةٍ متخاصمان. اسم لا النافية للجنس.......................

٢- لا إخوةَ مختلفون. اسم لا النافية للجنس.......................

٣- لا مُدَرِّسِي لغةٍ مُتوَفِّرون. اسم لا النافية للجنس.......................

٤- لا مُمَرِّضاتِ غائباتٌ. اسم لا النافية للجنس.......................

٥- لا مُساعدًا فقيرًا بخيل. اسم لا النافية للجنس.......................

٦- لا ممارِسَ رِياضةٍ عَليلٌ. اسم لا النافية للجنس.......................

١٢ املأ الفراغ باسم لا النافية للجنس مناسب تختاره من الصندوق، ثم بَيِّن إعرابَه:

رائِد - طائرة - قائدًا - مُدرِّسَة - طريق - زارعًا

	إعراب اسم لا النافية للجنس
١- مثال: لا قائدًا جَيْشًا جَبانٌ.	اسم لا النافية للجنس منصوب بالفتحة
٢- لا .... مزدحِمٌ.	....
٣- لا .... فضاءٍ جاهِلٌ.	....
٤- لا .... حَقْلاً كسلانُ.	....
٥- لا .... مُحَلِّقةٌ في الجوِّ.	....
٦- لا .... أطفالٍ قاسيةٌ.	....

القواعد:

- لا النافية للجنس من أخوات إنَّ وتعمل عملها فتنصب الاسم وترفع الخبر، وهي تنفي الخبر عن جميع أفراد الجنس.
- من شروط عملها أن يكون اسمها وخبرها نكرتين.
- يمكن تقسيم اسم لا النافية للجنس على النحو التالي:
  ١- اسم لا النافية للجنس مضاف: «لا حارسَ أمنٍ موجودٌ».
  ٢- اسم لا النافية للجنس شبيه بالمضاف: «لا حارسًا أمنًا موجودٌ».
  ٣- اسم لا النافية للجنس مفرد: «لا حارسَ موجودٌ»

أولاً: قبل الاستماع:

١٣ أجبْ عن الأسئلةِ الّتي تسمعها من المعلم. (شفَهِيًّا):

ثانيًا: استمع إلى الحوارِ الآتي ، ثم ضَع علامة (✔) تحت كل اسمٍ في العمود المناسب:

م	العبارات	نادر	وائل
١	في الصفِّ الثالث الابتدائي		
٢	أُحِبُّ أعمالَ النجارة		
٣	مُشتركٌ في فريقِ الكشافة		
٤	في الصفِّ الرابع الابتدائي		
٥	صنَعْتُ منضدةً صغيرة		
٦	أنا أيضًا أُحِبُّ المراسلة		

١٤ استمع ... أنشِدْ ... احفَظ

المُهَنْدِس

أُحِبُّ أن أكونْ   مُهَندِسًا أمَينْ
أُخَطِّطُ البُيوتْ   بِالعِلْمِ والفُنونْ
وأَرْسُمُ الشوارعْ   للنّاسِ العابِرينْ
أُحِبُّ أَنْ أكونْ

لا شيءَ مستحيلْ   بالعَزْمِ والعَمَلْ
بالعَقِلِ والتَّدبيرْ *   لا نَرْتضي بَدَلْ
أُحِبُّ أنْ أكونْ   مُهَندِسَ الأَمَلْ
أُحِبُّ أنْ أكونْ

* التَّدبير: التَّفكير والتَّروّي

١٥ ما تقولُ في كلِّ موقِفٍ من المواقف الآتية؟

١- صديقُكَ يطلبُ منكَ آلةَ التِّصوير الخاصَّةَ بأبيك. اعتَذِرْ له عن تحقيقِ طَلَبِه، واذكر السبب.

٢- صديقتُكِ حزينةٌ لأنَّ والدَيْها لم يوافقَا علَى اشتراكها في رِحلة المدرسة. عبِّري عن أسفك لها، وماذا تقولين لوالدَّيْها ليُغيِّرا رأيَهُما؟

٣- فَقَدْتَ محفظةَ أقلامِك. صِفْها للمشرف.

٤- صَدَمْتَ رَجُلاً في الشارعِ بدراجتِك. فماذا تقولُ له؟

١٦ ملءُ استبانة.

ما رأيُك؟ ومارَأي والديْكَ في الموضوعاتِ الآتية؟ (اسألْهُما قبل الكتابة):

الموضوع	رأيك	رأي والديْك
١- مشاهدة التلفزيون	....	....
٢- اللعب خارج المنزل	....	....
٣- مصروف الجيب المناسب	....	....
٤- اختيار الأصدقاء	....	....

الدرس ٣٣ القاضي الذَّكيّ (تمثيلية)

قبل القراءة الأولى

١ أجب.

شخصيات التمثيلية:
١- الرّاوي ٢- القاضي
٣- الفلاح ٤- اللص
٥- الحارس

١- ما أهَمُّ صِفةٍ يَنبغي أن يَتحلّى بها القاضي؟
٢- لِمَ يجبُ أن يكونَ القاضي ذكِيًّا؟
٣- ما اسم المكان الذي يعمل فيه القاضي؟
٤- كيف يعاقِبُ القاضي السارق؟
٥- هلَ وظيفةُ القاضي سَهلَةٌ أو صَعبَة؟ وَضِّحْ رأيَكَ.

٢ اقرَأ.

الرَّاوي: في أحد الأيام رجعَ فلاحٌ إلى بيتِه، وبحثَ عَن نقودِه التي كانَ يدَّخِرُها لشراءِ بقرةٍ، فلَم يجدْها. أَسرعَ الفلاحُ إلى قاضي القريةِ، وقالَ لَه:

الفلاح: أيُّها القاضي، لقَد سرَقَ لصٌّ نقودي.. سرقَ كلَّ ما ادَّخرتُه.

القاضي: أينَ كنتَ تضعُ نقودَكَ؟

الفلاح: كنتُ أضعُها في كيسٍ تحتَ الوسادةِ.

القاضي: هَل تعرفُ اللِّصَّ الذي سرقَ نقودَك؟

الفلاح: لا، يا سيدِي القاضي!

القاضي: هَل يسكنُ معَك أحدٌ، أم تسكنُ وحدَك؟

الفلاح: بَل أسكنُ وحدي.

القاضي: ستعودُ لكَ نقودُك بإذنِ اللهِ... اطمئنَّ.

الرَّاوي: وقبلَ غروب الشمس جمعَ القاضي أهلَ القريةِ جميعًا. ووقفُوا أمامَه وهُم لا يعرفونَ السببَ، وذكرَ لهمُ القاضي قصةَ الفلاحِ الذي سُرقتْ نقودُه، ثم قالَ لهُم:

القاضي الذَّكيّ

القاضي: سأعطي كلَّ واحدٍ منكُم عَصًا ، ليأخذَها إلى بيتِه ، وفي الليلِ سوفَ تطولُ عصا اللصِّ شبرًا. وعندَما يأتي الصباحُ تحضُرونَ جَميعًا ، ومعَ كُلٍّ منكُم العصا التي أخذَها.

الرَّاوي: أخذَ كلُّ رجلٍ عصاه معَه إلى البيتِ. وفي الليلِ اِضْطربَ اللصُّ وخافَ، وَخَشِيَ أنْ يُفتَضَحَ أمرُه بينَ أهلِ القريةِ ، وقالَ لنفسِه:

اللِّص (في اضطراب): ماذا أفعلُ الآنَ؟ لَنْ أنتظِرَ حتَّى يأتِيَ الصباحُ، فتطولَ عصايَ، وينكشِفَ أمري للجَميعِ .... لا بُدَّ من أنْ أقطعَ منَ العَصا شبرًا ، فإذا طَالتْ في الليل رَجَعَ طولُها كَما كانَ، ولا يَعرفُ القاضي ... ها ها ها ... إذا كانَ القاضي ذكيًّا فأنَا أذكَى منه.

الرَّاوي: أحضرَ اللصُّ المنشارَ، وقاسَ بيدِه شِبرًا ، وقطعَ العَصا ، ثُم نامَ مُطمئِنًّا.

وفي الصباحِ ذهبَ أهلُ القريةِ إلَى القاضي - كَما طلبَ مِنهم - ومعَ كلِّ رجلٍ عصَاه. ووقَفَ الجميعُ أمامَ القاضي ينتظرونَ حكمَه. نظرَ القاضي إلى كلِّ رجلٍ، وإلى عصَاه ، ثُم أشارَ إلى اللصِّ وقالَ:

القاضي: أنتَ اللصُّ!

اللص: لا يا حضرةَ القاضي، إنَّ عصايَ لَم تطُلْ .. انظُرْ.

القاضي: عصاكَ لَم تطُلْ، ولكنَّها قصُرتْ شِبرًا! أيُّها اللِّصُّ الغبيُّ، انظرْ حولَكَ ستجدُ عصاكَ أقصرَ الجميعِ.

أيُّها الحارسُ، اقبضْ علَى هذا اللصِّ، ولا تترُكه يهرُب. خُذْه الآنَ إلى بيتِه، ليحضرَ النقودَ التي سَرَقَها.

الرَّاوي: قادَ الحارسُ اللصَّ إلى بيتِه، وأحضرَ النقودَ التي سرقَها، وردَّها إلى صاحبِها، ثم أمرَالقاضي بوضعِ اللِّصِّ في السِّجنِ.

٣ (أ) صِل بينَ الكلمة والشرح:

١- يَدَّخِرُ — (أ) تتكشِفُ عيوبه وتظهر
٢- يضْطَربَ — (ب) يحتفظ بالمالِ لَوقتِ الحاجَةِ إليه
٣- يفتضح أمره — (ج) يُحِسُّ بقلق وحَيْرَة

(ب) صل بين الكلمة ومرادفها:

وَجَدَ	نقود	خَشِيَ	قادَ	رَدَّ إلى
خافَ	ساقَ	عَثُرُ على	أعادَ	فُلوس

٤ هاتِ جمَع كُلِّ كلمةٍ ممّا يأتي:

١- لِصٌّ: ....
٢- كيسٌ: ....
٣- وِسادَةٌ: ....
٤- عصًا: ....
٥- سَبَبٌ: ....

٥ – هات من النصِّ المضادَ في المعنى لكل كلمة مما يأتي:
– استعمل كل كلمة أتيت بها في جملة مِنْ عندك:

	المضادُّ	الجُملة
١- بَيْعٌ:	....	....
٢- قَصُرَ:	....	....
٣- غَبِيٌّ:	....	....
٤- أَبْطَأَ:	....	....
٥- شُروقٌ:	....	....

بعد القراءة الثانية.

٦ ضع في المربع علامةَ (✔) أو (✘)، ثم صحِّح الخطأ:

	صحيح أو خطأ	التصحيح
١- كانَ الفلاحُ يضعُ نقودَهُ في صُندوقٍ تحتَ السرير.	☐	....
٢- قالَ الفلاحُ إنه يسكُنُ وحدَهُ ولا يسكُنُ مَعهُ أَحد.	☐	....
٣- جَمَعَ القاضي أهلَ القريةِ قبلَ العَصر.	☐	....
٤- قطع اللِّصُّ من العَصا شِبرًا حتّى لا تطولَ في الصباح.	☐	....
٥- كانت عَصا اللِّصِّ أقصرَ من عِصِيِّ الجمَيع.	☐	....

٧ رتِّب الأفكارَ الآتيةَ حسب ورودِها في تمثيلية "القاضي الذكيّ"، وذلك بكتابة الأرقام في الدوائر:

◯ القاضي يُعطي كُلَّ واحِدٍ عصًا.
◯ القاضي يعرفُ اللِّصَّ ويضعُهُ في السجن.
◯ الفلاحُ يعرفُ اللِّصَّ ويضعُهُ في السجن.
◯ الفلاحُ يشكو للقاضي سَرقَةَ نُقودِه.
◯ اللِّصُّ يخافُ وَيقطَعُ شِبرًا مِن عَصاه.
◯ القاضي يَجمعُ أَهلَ القريةِ قبلَ الغُروب.

٨ (أ) أجب.

١- ما شكوَى الفلاحِ للقاضي؟..

٢- لِمَ سألَهُ القاضي: "هَل يَسكُنُ مَعَكَ أَحَدٌ"؟..

٣- ماذا أَعطى القاضي لكُلِّ واحدٍ من أهلِ القَرية؟..

٤- كيف عَرَفَ القاضي اللِّص؟..

٥- بِمَ عاقَبَ القاضي اللِّص؟..

٦- ما رأيُكَ في هَذا القاضي؟..

الدرس ٣٥ أنواع خبر "إن" وأخواتها و"كان" وأخواتها

٩ راجع

ينقسم خبر «إنَ» وأخواتها إلى الأقسام الآتية:

١- إنَّ القاضِيَ عادِلٌ. (خبر مفرد)

٢- إنَّ القاضِيَ حُكمُهُ عادِلٌ. (خبر جملة اسمية)

٣- إنَّ القاضِيَ يعْدلُ بين الناس. (خبر جملة فعلية)

٤- إنَّ القاضِيَ فَوْقَ المنصَّةِ. (خبر شبه جملة: ظرف)

٥- إنَّ القاضِيَ في المحكمة. (خبر شبه جملة: جار ومجرور)

(ملحوظة: تُطبَّقُ القاعدةُ نفسُها على أنواع خبر «كان» وأخواتها)

١٠ اختر من القائمة الإعراب المناسب لكل كلمة تحتها خط في العبارات الآتية، واكتبه على السطر:

(أ) خبر كان منصوب بالياء (ب) اسم كان مرفوع بالألف (ج) اسم إن منصوب بالفتحة
(د) اسم «إن» منصوب بالكسرة (هـ) مبتدأ مرفوع بالواو (و) خبر إن مرفوع بالألف
(ز) اسم إنَّ منصوب بالياء (ح) اسم كان مرفوع بالواو

١- أبوك ذو شخصية قوية. ....

٢- إنَّ الحقيقة واضحة. ....

٣- إنَّ الفنِّيّين في المعمل. ....

٤- إنَّ الطبيبَيْن مجتهدانِ. ....

٥- كانَ العلماء حاضِرين في الاجتماع. ....

٦- كانَ الطالبان مجتهدَينْ. ....

٧- كان الفنيون يعملون بجد. ....

٨- إنَّ الطبيبات يعالجن المرضى. ....

١١ أكمل العبارات الآتية بالمطلوب:

١- كان المحامون................................... خبر مفرد (ليس جملة ولا شبه جملة)

٢- إنَّ الصحفيَّ .... خبر جملة فعلية

٣- عَلمْتُ أنَّ الوزيرَيْن................................... خبر جملة اسمية

٤- شَرعَ المدرِّبون................................... خبر مناسب

٥- كأنَّ المعلِّمَ .... خبر مفرد

٦- ظلَّ المسافرون................................... خبر ظرف

٧- وصل المدرسون لكنَّ الطُّلاب................................... خبر جار ومجرور

٨- ليْتَ الامتحان................................... خبر جملة اسمية

١٢ هات المطلوب بين القوسين في جمل من عندك:

١- .... (اسم «كأنَّ» منصوب بالفتحة)

٢- .... (خبر «ليس» منصوب بالياء)

٣- .... (فعلاً من أفعال الشروع)

٤- .... (خبر «إنَّ» جملة فعلية)

٥- .... (فعلاً من أفعال الرجاء)

٦- .... (اسم «مازال» مثنًّى مذكرًا)

٧- .... (فعلاً من أفعال المقاربة)

٨- .... (اسم «ليت» جمع مؤنث سالِمًا)

الدرس ٣٦

أولاً: قبل الاستماع:

١٣ أجبْ عن الأسئلةِ الّتي تسمعها من المعلم. (شفهيًا):

ثانيًا: استمع إلى القصة الآتية ثم أجب عن الأسئلة:

ارسم دائرة حول التكملة الصحيحة لكل عبارة تسمعها:

١- (أ) طبيبًا (ب) مُهندِسًا (ج) قاضِيًا

٢- (أ) مدرِّسة (ب) طبيبَة (ج) محامِية

٣- (أ) المحكمة (ب) الشركة (ج) المكتب

٤- (أ) السوق (ب) العيادَة (ج) المستشفى

٥- (أ) صباحًا (ب) مساءً (ج) طَوالَ الوَقت

١٤ صل بين كل كلمتين بينهما علاقة واكتبهما على السطر:

١- مواصَلاتٌ (أ) عِيادةٌ: ....

٢- طِبّ (ب) دينارٌ: ....

٣- مِهَنٌ (ج) طائِرةٌ: ....

٤- طَبيعةٌ (د) مُهَندِسٌ: ....

٥- عُمْلَةٌ (هـ) غابَةٌ: ....

(ب) استخدِم كل كلمتَيْن بينهما عَلاقةِ في جُملةٍ مِن عندِك.

١- ....

٢- ....

٣- ....

٤- ....

٥- ....

القاضي الذَّكيّ

١٥ (أ) قم مع زملائك بأداءِ تمثيلية «القاضي الذَّكيّ» دون النظرِ في الكتاب:

الشخصيات:

١- الراوي
٢- القاضي
٣- الفلاح
٤- اللِّص
٥- الحارس
٦- أهل القرية

(ب) تقوم مجموعات أخرى بأداء التمثيلية.

١٦ (أ) انظُرْ إلى الصورة جيدًا، وصفْ ما يدورُ فيها:

(ب) اكتب وَصفًا لما في الصّورة في نحو ٤٠ كلمة.

كلماتٌ مساعدة:

- قاعة المحكمة – القاضي
- وكيل النيابة – المتَّهم
- قفص الاتهام – المحامي
- الجمهور.

....

....

....

....

....

....

بَصماتُ الأصابِع

(دائرة المعارف العالمية المصورة) المجلد الأول

قبل القراءة الأولى

١ أجب.

١. كم إصبعًا في يد الإنسان؟ وما أسماؤها؟

٢. من كم عقلة يتكوَّن كل إصبع؟

٣. فيمَ يستخدم الإنسان أصابعه؟

٤. ماذا يوجد في العُقَلِ الطرفية لأصابع اليد؟

٥. ماذا تعرفُ عَنْ بصْمَةِ اليَد؟

٢ اقرأ.

ما أَهَمِيَّةُ بَصَماتِ الأَصابِعِ؟

الإجابة

تتكون بصمات الأصابع من الخطوط التى نراها على أصابعنا. وتساعدنا هذه الخطوط أيضا على الأمساك بالأشياء بشكل جيد، فلا تقع. ولا تتشابه بصمات أصابع أى شخصين في العالم. ويحتفظ الإنسان بشكل بصماته، من الصغر حتى يصبح شيخا. فسبحان الله الخالق المصور.

بَصماتُ الأصابِعِ

الشمبانزي له بصمات أيضا!

علمت أن الأشخاص لهم بصمات أصابع، ولكن هل تعلم أن بعض الحيوانات لها أيضا بصمات أصابع؟ يد الشمبانزي تشبه يد الإنسان، ولها بصمات أصابع أيضاً، إلا أن بصمات أصابعها توجد في العقل الأخيرة ناحية الكف، بخلاف الإنسان الذى توجد بصمات أصابعه في العقل الطرفية التى بها الأظافر. وهذه البصمات تساعد الشمبانزي على التقاط الفواكه والتعلق بالأشجار. وبعض الحيوانات الأخرى التي تعيش في الأشجار، مثل السنجاب، لها بصمات أصابع.

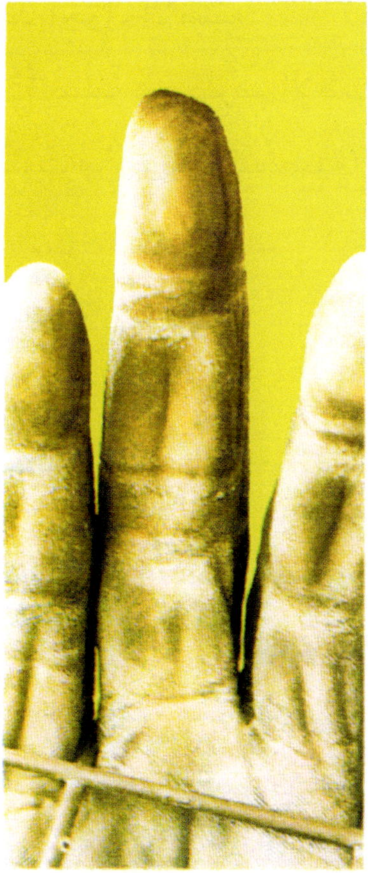

أصابع الشمبانزي

هل تشبه بصماته بصمات أصابع الإنسان؟ وهل تلاحظ الاختلاف.

معلومات مبسطة

توجد بصمات لأصابع أقدامنا أيضا. والخطوط والتجاويف في بطن أقدامنا وأصابعها تمنعنا من الانزلاق، وقد ساعدت الإنسان كثيرا قبل أن يلبس شيئا في قدمه لأول مرة.

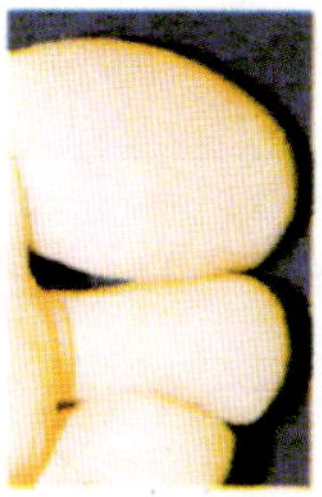

خطوط بصمات أصابع القدم

إلى الوالدين والمعلم

لا تتشابه بصمات الأصابع بين أى شخصين ولذلك تستخدم وسيلة لتحقيق الشخصية وقد تكون البصمات حلزونية أو خلفية أو مقوسة، أو غير هذا ولا تتغير أصابع أى فرد مطلقا طوال حياته.

٣ (أ) اقرأ الشرحَ أو التعريف، واكتب الكلمةَ من النص:

١- أثَرُ الإصبع في شَيءٍ ما / خُطوطُ الإصبَع الَّتي تُميِّزُهُ: ....

٢- راحَةُ اليدِ مَعَ الأصابع: ....

٣- أحَدُ أجْزاءِ الإصبَع: ....

٤- مادَّةٌ صلبَةٌ في طرَفِ الإصْبَع: ....

٥- التَّثبتُ مِنْ هُويَّةِ (شَخْصِيَّة) شخْصٍ ما: ....

(ب) ابحثْ في مُعجمِكَ عن معنى / تعريفِ كُلٍّ من:

١- سِنْجابٌ: ....

٢- حَلَزونيّ: ....

٣- مُقوَّسٌ: ....

٤ املأ الفراغَ بمرادفِ الكلمة التي بينَ القوسين:

١- لا .... أولادُ هَذَينِ الأبَوين في الشَّكل. (يتماثل)

٢- لهذهِ الحديقةِ ممرّات .... تحيطُ بأحواضِ الزهور. (دائريَّة)

٣- لم يحدُثْ هذا الأمرُ مِن قبلُ في الشركة .... (أبدًا)

٤- انزلقَتْ قدمُهُ فَ .... على الأرض. (سَقَطَ)

٥ املأ الفراغَ بحرفِ جرٍّ مناسبٍ للفعلِ منَ الصندوق:

مِن - في - على - بِ

١- تساعِدُ البصماتُ الشمبانزي .... التعلُّقِ بالأشجار.

٢- يحتفظُ الإنسانُ .... شَكلِ بَصَماتِ أصابِعِه طَوالَ الحياة.

٣- تتكوَّنُ البصماتُ .... الخطوطِ التي نراها على أصابعِنا.

٤- يوجَدُ سنجابٌ .... هذهِ الحديقة.

القسم الثاني

بعد القراءة الثانية.

٦ ضع في المربع علامة (✔) أو (✘)، ثم صحّح الخطأ:

	صحيح أو خطأ	التصحيح
١- تساعُدنا بصماتُ الأصابعِ على الإمساكِ بالأشياء.	☐	....
٢- قد تتشابَهُ بصماتُ أصابعِ بعضِ الأقارِب.	☐	....
٣- تتغيَّرُ بصماتُ أصابعِ الشخصِ عندَما يصبِحُ شيخًا.	☐	....
٤- للشمبانزي والسِّنجاب بصَماتُ أصابع.	☐	....
٥- بصَماتُ أصابعِ أقدامِنا تَمنعُنا من الانزِلاق.	☐	....

٧ اكتُبْ في الدائرة الحرفَ الدّال على التكملةِ المناسبةِ لكُلِّ عبارة مما يأتي:

١- نَستخْدمُ بصَماتِ أصابعِ اليدَ	◯	(أ) اِلتقاطِ الفواكهِ منَ الأشجار.
٢- توجَدُ بصماتُ أصابعِ الإنسانِ	◯	(ب) حتَّى يُصبحَ شيْخًا كبيرًا.
٣- يحتفظُ الإنسانُ بشكل بصماتِه	◯	(ج) حلزونيةً أو حلْقِيَّةً أو مقوَّسةً.
٤- قد تكونُ بصماتُ أصابعِ الإنسان	◯	(د) وَسيلةً لِتحقيقِ الشخصية.
٥- تساعِدُ البصماتُ الشمبانزي عَلى	◯	(هـ) في العُقَلِ الطَّرفيةِ التي بها الأظافر.

٨ ضع في الدائرة التي بجوارِ التكملةِ المناسبة علامةَ (✔):

١- أهمُّ كلمةٍ في الموضوع السابق:

(أ) كَفٌّ ◯ (ب) بصْمةٌ ◯ (ج) إصبَعٌ ◯

٢- أقرب عِبارةٍ تتعَلَّقُ بعُنوانِ الموضوع هِيَ:

(أ) يحتفظُ الإنسانُ بشكل بصماتِهِ منَ الصِّغَر حتّى يصبحَ شيخًا. ◯

(ب) نستخدمُ بصماتِ الأصابعِ وَسيلةً لتحقيق الشخصية. ◯

(ج) بصماتُ أصابعِ القدمِ ساعدت الإنسانَ قبلَ أن يلبَسَ شيئًا في قَدَمِه. ◯

٩ ادرس

إعراب الجملة الاسمية.

(أ) ١- المهندسُ حاضِرٌ.
مبتدأ مرفوع بالضمة - خبر مرفوع بالضمة

٢- مهندس الشركة حاضرٌ.
مبتدأ - مضاف إليه - خبر

٣- المهندسون حاضرون.
مبتدأ مرفوع بالواو - خبر مرفوع بالواو

(ب) ١- إنَّ المهندسين حاضرون.
اسم إن منصوب بالياء - خبر إن مرفوع بالواو

٢- كانَ المهندسونَ حاضرين.
اسم كان مرفوع بالواو - خبر كان منصوب بالياء

٣- أَوْشَكَ المهندسون أن يصلوا.
اسم أوشك مرفوع بالواو

(ج) ١- المهندسُ يعمل بجد.
مبتدأ مرفوع بالمضة - فعل مضارع مرفوع بالضمة (خبر المبتدأ)

٢- المهندسان في الموقع.
مبتدأ مرفوع بالألف - جار ومجرور (خبر المبتدأ)

٣- المهندسون عملهم متقنٌ.
مبتدأ مرفوع بالواو - مبتدأ ثان مرفوع بالضمة وهو مضاف إليه - خبر المبتدأ الثاني مرفوع بالضمة
الجملة من المبتدأ والخبر خبر للمبتدأ الأول «المهندسون».

١٠ اختر من القائمة الإعراب المناسب لكل كلمة تحتها خط، واكتب الحرف الدال عليه في الدائرة.:

١- أكلُ الخضراوات مفيد للصحة.	◯	(أ) جار ومجرور خبر للمبتدأ
٢- الحياة في القرية هادئة.	◯	(ب) خبر مرفوع بالضمة
٣- العاملتان نشيطتان.	◯	(ج) مبتدأ مرفوع بالألف
٤- المهندسون قادمون.	◯	(د) ظرف زمان خبر للمبتدأ
٥- القطاران سريعان.	◯	(هـ) خبر جملة فعلية
٦- المهندسُ يعملُ في الشركة.	◯	(و) خبر مرفوع بالألف
٧- الطلاب في المكتبة.	◯	(ز) مبتدأ مرفوع بالضمة
٨- السفر بعد أسبوع.	◯	(ح) خبر مرفوع بالواو

١١ املأ الفراغ بما هو مطلوب بين القوسين:

١- ظل الحاضرون .... في القاعة. (خبر «ظل» منصوب بالياء)

٢- كان والده .... في هذه المستشفى. (خبر «كان» منصوب بالفتحة)

٣- ينجح الطلاب ماداموا .... في دروسهم. (خبر «مادام» منصوب بالياء)

٤- بات .... ساهرَيْن في عمل الواجب. (اسم «بات» مرفوع بالألف)

٥- .... المباراة تبدأ. (فعل من أفعال المقاربة)

٦- عَسى المريض .... (خبر «عَسى» في محل نصب)

٧- أخَذَ المعلِّمُ .... (خبر «أخذ» في محل نصب)

٨- أخذَ المعَلِّمُ .... (مفعول به منصوب بالفتحة)

١٢ أعرب ما تحته خط في العبارات الآتية:

١- أَوْشَكَ اللّاعبون أن ينزلوا إلى أرض الملعب.

٢- شَرعَ الصحفيان يكتُبان المقالات.

٣- أنشأَ الرّجُلُ يروي الحديقة.

٤- أنشَأَ الرجلُ شركةً كبيرة.

٥- إنَّ السائِحين يتجوّلون في المدينةَ.

٦- كأنَّ الصديقَ أخٌ.

٧- لَيْستَ السِّلعتان رخيصتَيْنْ.

٨- لعَلَّ أباكَ في صِحَّةٍ جيِّدَة.

الكلمة	إعرابها
اللاّعبون	....
الصحفيان	....
الرجلُ	....
الرجلُ	....
السائحين	....
أخٌ	....
رخيصتَيْنْ	....
أباكَ	....

القسم الثاني

أولاً: قبل الاستماع:

١٣ أجبْ عن الأسئلةِ الّتي تسمعها من المعلم. (شفَهِيًّا):

ثانياً: استمع إلى النصِّ جيدًا، ثم أجبْ عن الأسئلة:

١- ☐ (أ) خالة ☐ (ب) عمَّة ☐ (ج) جَدَّة

٢- ☐ (أ) فراشاتٍ ☐ (ب) أزهارًا ☐ (ج) طوابِعَ

٣- ☐ (أ) صندوق ☐ (ب) زجاجة ☐ (ج) دفتر

٤- ☐ (أ) ورقة ☐ (ب) لَوْحة ☐ (ج) بطاقة

٥- ☐ (أ) المراسَلة ☐ (ب) الخطّ ☐ (ج) الجَمع

١٤ صنِّف الكلمات التي في الصندوق كما في المثال:

وَلَد	ميل	حافِلة	بِنْتِ	درّاجة
عَجوز	فيل	رَجُل	شَقَّة	مِتر
عِمارة	إمرأة	كيلومتر	شَيْخ	خَروف
	قِطار	بيْت	حِصان	

(صَغيرٌ)	(مُتَوسِّطٌ)	(كَبيرٌ)
مثال: وَلَدٌ	رَجُل	شيخٌ
١-	....	....
٢-	....	....
٣-	....	....
٤-	....	....
٥-	....	....

١٥ تحَدَّثْ عَنْ:

١- قرأتَ إعلانًا في المدرسةِ أو خارج المدرسة.
- قل لنا ماذا قرأت.
- هل هو إعلان مُصَوَّر؟
- ماذا أعجبك فيه؟

٢- قرأت عبارة جميلة أعجبتك.
- قل لنا هذه العبارة.
- لماذا أعجبتك؟

٣- ما أغربُ خبرٍ سمعْتَهُ في الأيام الأخيرة؟

٤- يَوْم سعيد مَرَّ بكَ هذا العام.

١٦ رِحلةٌ مَدْرَسِيَّة.

اكتُب خطابًا إلى وَلِيِّ الأمر باسم جماعة الرحلات بالمدرسة، يتضمن معلومات عن الرحلة، للموافقة على اشتراك ابنه / ابنته في الرحلة. اذكر اسم مدرستك، ومكان الرحلة، والتاريخ، وقيمة الاشتراك.

املأ الفراغات هنا قبل كتابة الخطاب

المكان: .... قيمة الاشتراك: ....
التاريخ: يوم .... الموافق: ....
التجمع: في المدرسة الساعة ٩,٠٠ صباحًا
العودة إلى المدرسة: الساعة ٥,٠٠ مساء

مدرسة: .... الابتدائية التاريخ: ....
ولى أمر التلميذ: ....
السلام عليكم ... ، ، ،
تقوم جماعة: ....
....
....

☐ موافق ☐ غير موافق جماعة الرحلات

الفَصلُ
الدِّراسِيّ الثانيُ

القسم الثالث

الأنشِطَةُ المدْرَسيَّة

قبل القراءة الأولى

١ أجـب.

- ١- لِمَ تهتمُّ المدارسُ بالأنشطةِ المدرسيةِ؟
- ٢- ما الفرقُ بينَ النشاطِ المدرسيِّ والدرسِ داخلَ الفَصل؟
- ٣- ما النشاطُ المدرسيُّ الّذي يساعدُ الطُّلابَ على الإلقاءِ والنُّطقِ الصّحيحِ؟
- ٤- ما أهميةُ الفِناءِ الواسعِ للطُّلابِ؟

٢ اقـرأ.

المعلِّمة: تعرفونَ أنّنا نُدرِّبكُم في الأعوامِ الأخيرةِ على التعلُّمِ النشِطِ. نهتَّمُّ بالأنشطةِ المدرسيَّة، ونُشجِّعُ كُلَّ طالبٍ على اختيارِ النشاطِ الّذي يفضِّلُه. كلمنا يا طارِقُ عَن النشاطِ المدرسيِّ الّذي تُمارِسُهُ.

طارق: أنا مشتركٌ في جَماعَةِ الجُغرافيا. نَرْسُمُ خَرائطَ كبيرةً للعالَمِ ولِلبلادِ العربية، ونُسجِّلُ عليْها البياناتِ، ونُلَوِّنُها بالألوان، ونصْنَعُ بعضَ المُجسَّماتِ الّتي تُوضِّحُ الجبالَ والوِديانَ والبحارَ والأنهار.

المعلِّمة: وأنتِ يا نور. ماذا تُمارِسين؟

نور: أنا أُحبُّ الموادَّ العلميَة. لذلِكَ اشتركْتُ في جماعةِ العُلوم. أقضي وَزملائي معْظَمَ الوقتِ في المختبَرِ نُجري التَّجارِبَ، ونعملُ التّحاليل. ونَحنُ الآن نجْمعُ معلوماتٍ وَصُورًا عَن أشهرِ العُلماءِ لنزوِّدَ بِها المجلَّةَ العلميةَ بالمدرَسَة.

الأنشِطَةُ المدْرَسيَّة

المعلِّمة: وأنتَ يا باسِم. ماذا اختَرْتَ؟

باسم: التَحقْتُ بجماعةِ تحسين الخطُوط، وَدَرَسْتُ الخطَّ العربيَّ بأنواعِه: الرُّقعةَ، والنَّسخ، والثُلُث، والديوانيّ، والكوفيّ. وتدرَّبْتُ عَلى الكتابةِ بالقلم ذي السِّنّ العَريض.

ونَحنُ نكتُبُ – الآنَ – اللوحاتِ التوضيحيّة للمدِّرسين، لتُساعدَهُم في شَرح الدَّرْسِ، وإفهام الطّلاب.

المعلِّمة: ومَن يَقومُ بالكتابة؟

باسم: الطُّلابُ – بالطبع – تحتَ إشرافِ الأساتِذَة.

المعلَّمة: وأنتِ يا دُعاء؟

دعاء: أنا عُضوٌ في جَماعَةِ التَّمْثيل. ندرُسُ الخَطابَةَ وإلقاءَ الشّعر، ونَتَدرَّبُ – الآنَ – عَلى حَفلِ نِهايَةِ العام. أقومُ بَدوْرٍ مُهمٍّ في مَسرَحيَّة «فارِس بَني حَمْدان».

المعلِّمَة: والآنَ. جاءَ دَوْرُ تامِر لِيحدِّثَنا عَن اختيارِه.

تامر: اخْتَرتُ النَّشاطَ الرِّياضِيّ. حَصَلْتُ عَلى البطولة المدرَسِيَّةِ في السِّباحَة. وأواصِلُ تَدريبي لأشْتَرِكَ في البُطولَةِ الدَّوليَّةِ بإذْنِ الله.

المعلِّمة: أحْسَنْتُم. سَتكونُ الأنشِطةُ المدرسيَّةُ موضوعَنا في التعبير الكتابيّ الأسبوعَ القادمَ، فاستعدوا من الآن.

٣ صِل بَيْنَ الكلمة والشّرح أو التَّعريف:

١- التَّعلُّم: (أ) مالَهُ طولٌ وعرْضٌ وعُمْق.

٢- التَّعليم: (ب) معْرِفَةُ الشَّيءِ وفَهْمُهُ وإتقانُه.

٣- مُجَسَّمٌ: (ج) انضَمَّ إلَى

٤- اِلْتَحقَ بـ: (د) فرعٌ من التربية يتناوَلُ طُرُقَ التَّدريس.

٤ هاتِ من الحوارِ المرادفَ المناسبَ لكل كلمة مما يأتي، وضعْهُ في جملة من عندك:

	المرادِف	الجملة
١- يُزاوِلُ:	....	....
٢- كَتَبَ:	....	....
٣- معلوماتٌ:	....	....
٤- أَغْلَبُ:	....	....
٥- مَدَّ (بـ):	....	....
٦- تَمَرَّنَ:	....	....

٥ هُناكَ كلماتٌ تأتي دائمًا معًا.

(أ) اختر من كلماتِ المجموعةِ الثانية ما يناسبُ كلماتِ المجموعة الأولى وكوِّن التعابير:

(ب) استعمل كُلَّ تعبيرٍ في جملة من عندك:

المجموعة الأولى: يَقضي - يُجري - يُسجِّل - يمارسُ - يشرَحُ

المجموعة الثانية: البَيانات - الدَّرسُ - الوَقْت - التَّجارِب - النشاط

	التعابير		الجمل
١- يَقضي	....	:	....
٢- يُجري	....	:	....
٣- يُسجِّل	....	:	....
٤- يمارسُ	....	:	....
٥- يَشْرَحُ	....	:	....

بعد القراءة الثانية.

٦ اذكر في عبارة واحدة نشاط كلِّ جماعة مما يأتي كماجاء في الحوار:

١- جَماعةُ الجغرافيا: ....

٢- جَماعةُ العلوم: ....

٣- جَماعةُ تَحسين الخطوط: ....

٤- جَماعةُ التمثيل: ....

٥- الجماعةُ الرياضية: ....

٧ ضَعْ علامة (✔) في العمود المناسِبِ بجوار العبارة:

	العبارات	المعلمة	طارق	نور	باسم	دعاء	تامر
١	نهتم بالأنشطةِ المدرسية	✔					
٢	نرسُمُ خرائِطَ كبيرة						
٣	أُحبُّ الموادَّ العلمية						
٤	درستُ الخط العربيّ						
٥	ندرُسُ الخطابة						
٦	نصنع المجسَّمات						
٧	حصلتُ على البطولة في السباحة						
٨	نحْن نكتبُ اللوحاتِ						
٩	نجمع معلوماتٍ عن العُلماء						
١٠	استعدّوا منذ الآن						

٨ أجب:

١- ما موضوعُ الحوارِ السّابق؟ ....

٢- أينَ مقرُّ جماعةِ العُلوم؟ ....

٣- ما المناسبةُ التي ستُقدَّمُ فيها المسرحية؟ ....

٤- ما الفوائد التي تعودُ على الطلابِ من مُمارَسَةِ النَّشاطِ المدرسيّ؟ ....

٥- لِمَ أجْرَت المعلمةُ هَذا الحِوارَ في الفَصل؟ ....

٩ ادرس

(أ)

فعل فاعل

١- ازداد عددُ المدارس.

٢- كَثُرت الجامعاتُ.

٣- اتَّسعَتِ المُدُنُ.

٤- حَضَرَ نادرٌ إلى الصف.

(ب)

١- حضَرَ العلماءُ الاجتماعَ.

٢- أحضَرَ الموظفون التقريرَ.

٣- حضَّرَ الفَنِّيّونَ الغازاتِ.

فعل فاعل مفعول به

٤- مَنَحَ المديرُ الموظَّفَ «مكافأةً».

فعل فاعل مفعول به أول مفعول به ثانٍ

فعل لازِم (لا ينصب مفعولاً به)

فعلٌ متعدٍّ: (ينصب مفعولاً به واحدًا)
(ينصب مفعولَيْن)

١٠ اختر الفعل المناسب مما بين القوسين، واملأ به الفراغ:

١- .... الطفلُ الزجاجَ. (كَسَرَ - اِنكسَرَ)

٢- .... الكأسُ بالماء. (ملأ - امتلأ)

٣- .... الصحيفةُ أخبارَ الحادِثِ. (نَشَرَت - انتشرت)

٤- .... الجيشُ عَلى الأعداء. (نَصَرَ - انْتَصرَ)

٥- .... عصامُ إلى المدرسةِ متأخِّرًا. (وَصَلَ - اِتَّصَلَ)

٦- .... المدرِّسُ بِالطُّلاّب. (جَمَعَ - اِجْتَمعَ)

٧- .... المدَرِّبُ اللاّعِبين. (جَمَعَ - تَجَمَّعَ)

٨- .... الوَزيرُ الضُّيوفَ. (تقابَلَ - اِسْتَقبَلَ)

١١ حَوِّل الأفعالَ اللاّزمةَ إلى متعدِّية مستعينًا بما بين القوسين:

١- نامَ الطِّفلُ في سريره. (الأمُّ) ....
٢- كثُرَتِ الأسئلَةُ (الطُّلابُ) ....
٣- خرجت التلميذاتُ (الأستاذةُ) ....
٤- كَملَ المشروعُ (المهندسُ) ....
٥- ضاعَ الكتابُ (الصَّبيُّ) ....
٦- قامَتَ المصانعُ في المدينةِ. (الدَّوْلَةُ) ....
٧- حضَرَ اللِّصُّ (الشُّرطِيُّ) ....
٨- انتشَرَ الخَبَرُ (الصَّحيفةُ) ....

١٢ حوِّل الأفعالَ المتعدِّيةَ في الجمل الآتيةِ إلى لازمة مع تغيير ما يلزم:

١- أكمَلَ الأستاذُ الشرحَ. ← ....
٢- قطعت البنتُ الحبلَ. ← ....
٣- كسَرْتُ القلَمَ. ← ....
٤- قَسَّمَتِ الأمُّ التُّفاحَةَ. ← ....
٥- مَلأَ البائعُ الزُّجاجَةَ. ← ....
٦- نَشرَ الحاكمُ العدْلَ بينَ الناسِ. ← ....
٧- صَرَفَ المديرُ الصَّحفِيِّين. ← ....
٨- فتَحَ الحارِسُ البابَ. ← ....

القواعد:

- المفعولُ به: هُوَ ما وَقَع عليه فِعلُ الفاعل.
- الفعلُ المتعدّي: هُوَ الذي ينصِبُ مفعولاً به واحدًا، أو مفعولَيْن، أو ثلاثةً مفاعيل. مثل (كتب التلميذُ الدرسَ).
- الفعل اللاّزم: هُوَ الذي لا ينصِبُ المفعولَ به، ولا يَصِلُ إليه إلاّ بواسطة حرفِ الجرِّ. مثل (كتبتِ الطالبةُ بالقلم).

الدرس ٤٤

أولاً: قبل الاستماع:

١٣ أجِبْ عن الأسئلةِ الّتي تسمعها من المعلم. (شفَهِيًّا):

ثانياً: استمع إلى الحوار جيدًا ثم أجب عن الأسئلة:

بعد الاستماع إلى الحوار، املأ الفراغات في العبارات الآتية:

١- تلعبُ التلميذةُ الأولى في النادي لُعبَةَ ....

٢- يعتمدُ فريقُ الكشافةِ على نفسه في الطعامِ، و.................................. المكانِ، و .... المعسكر.

٣- تحبُّ أسرةُ التلميذةِ الثالثةِ السَّفرَ و ....

٤- يشاهدُ أفرادُ هَذِهِ الأسرة .... ، وتَزورُ .... و ....

٥- منَ الأنشطةَ الخارجيةِ في الحوار الرّياضَةُ و .... ومعسكَرات ....

١٤ رتِّب الكلمات الآتيةَ حسبَ تسلسُلِها، بكتابة الأرقام في الدوائر:

١- نجاح ◯	استذكار ◯	امتحان ◯
٢- حَصَدَ ◯	حَرَثَ ◯	زَرَعَ ◯
٣- خَبَزَ ◯	عَجَنَ ◯	طَحَنَ ◯
٤- محيط ◯	بحيرة ◯	بَحْر ◯
٥- ينتهي ◯	يَبْدأُ ◯	يَسْتَمرُّ ◯

١٥ ماذا تَفْعَلُ؟

١- لتُساعدَ رَجُلاً أعمى يريدُ عُبور الشاعر.

٢- لِيُحبَّكَ زُملاؤُك.

٣- لِيرضَى عَنكَ مُعلِّمُك.

٤- لتُرسلَ خِطابًا لِصديق لَكَ في بلد بعيد.

٥- لتنضمَّ إلَى جماعَةِ التمثيل بالمدرسة.

٦- لِتشتَرِكَ في رِحلةٍ مدرسيَّة.

١٦ (أ) صِف الصورة .... (ب) ضع عنوانًا مناسبًا لها:

(ج) اكتب فقرة (في نحو ٥٠ كلمة) عما تراه في الصورة:

....

....

....

....

....

حَديقَةُ العَدل

قبل القراءة الأولى

١ أجب.

- ١- هل تَسكُنُ في بيتٍ لَهُ حَديقة؟
- ٢- مَن يعتني بالحديقة؟
- ٣- لِمَ يضعُ بَعضُ الناسِ كلابًا في حدائقهم؟
- ٤- كيفَ يستفيدُ الناسُ عادةً من حدائِقِهَم؟

٢ اقرأ.

١ أخذَ السُّلطانُ يَتجَّولُ متأمّلاً جمالَ قَصرِه الجَديد، وتعجَّبَ عندَما رأى سورَ الحَديقة غيرَ مُستَقيم! رأى السُلطانُ جُزءًا منَ السُّور داخلاً مَسافةً غيرَ قَصيرةٍ في الحَديقة. سأَلَ السلطانُ المهندسَ عن السَبب، فَعرفَ مِنه أنَّ امرأةً عجوزًا تسكنُ إلى جوارِ قصرِه، ولَمَّا طلَبوا أنْ يَشتروا الأرضَ منها وتتركَ المكانَ رفضَت ولَم تقبلْ، وقَالت إنها أرضُها التي ورثَتها عنْ أجدادِها.

٢ أمرَ السلطانُ بطردِ المَرأة العجوز منْ أرضها، وبَنى مكانَها استراحةً جَميلة، ومدَّ سورَ حديقةِ القَصرِ في خَطٍّ مُستقيم. ذَهبتِ المَرأةُ العَجوزُ إلى قاضي المَدينةِ تشكُو إليه أمرَها. فكَّرَ القَاضي في طَريقةٍ يعيدُ بِها الحَقَّ إلى المرأةِ، دونَ أن يُغضِبَ السلطانَ.. أخيرًا اهتَدى إلى فِكرة!

٣ أخذ القَاضي مَعهُ كيسًا كبيرًا منَ القُماش، وذهبَ لزيارةِ السُّلطانِ. قَالَ القَاضي: «سمعتُ – يا سيدي – أنَّك أنشأتَ استراحةً رائعةً في أحد أركانِ حَديقتِك، وأودُّ أَنْ أراها وأتمتعَ بمناظِرها الجَميلة». فَرح السُّلطانُ لأنَّ أخبارَ اسْتراحتِهِ الجَميلةِ قَد انتَشرَت بينَ النَاس، واصْطَحبَ القَاضي في جَولةٍ في حَديقَته.

٤ وَقفَ القاضي يتأمَّلُ رُكنَ الحديقةِ الذي كانَ ذاتَ يَوْمٍ ملكاًللمرأةِ العجوزِ، ثم أمسكَ

القسم الثالث

الكيسَ، والتفتَ إلى السُّلطانِ، وقالَ: «منَ الواضِح أنَّ أرضَ هذهِ الحَديقةِ من أجود الأراضي، لذَلك أرْجُو أن تَسمحَ لي بأن أمْلأَ هَذا الكيسَ من تُرابِها لأزْرَعَ بَعضَ النباتِ في مَنزلي».

٥ دُهشَ السُّلطانُ لطَلبِ القَاضي، وقَالَ لهُ وهُو يضْحكُ: «أمامَكَ أرضُ الحديقةِ الواسِعة، خذْ منْ ترابِها ما تشاءَ». في الحالِ مَلأَ القَاضي الكيسَ بِترابِ الحَديقةِ، ثم حاوَلَ أنْ يحملَه فَوجده ثَقيلاً. التَفت القَاضي إلى السلطانِ، وقالَ: «هل يَسْمَحُ سَيدي السلطانُ فَيسَاعدُني في حَملِ الكيسِ».

٦ ضَحكَ السلطانُ للمرة الثانيةِ وقَالَ: «هذا عَمَلٌ لم أَتعوّدْهُ منْ قبلُ. لكنْ، لعلَّ فيه بعضَ الرِّياضةِ التي تجدِّدُ نَشاطي». حاولَ السلطانُ حملَ كيس التراب فوجدهُ ثقيلاً، فألقاه عَلى الأرْض.

٧ التفتَ القَاضي إلى السلطانِ وقالَ: «أرأيتَ - يا سَيدي - كَيفَ أنكَ لَم تَستطعْ حملَ هذا الكيسِ مَع أنَّ فيه قَدرًا قليلاً جدّا من ترابِ الأرضِ التي كانتْ ملكاً للمرأةِ العَجوز. فَتصوَّرْ حَالكَ - يَا سيدي - إذا وقفتَ أمامَ اللّه - سبْحانَهُ وتعالى - يومَ يُسألُ كلُّ إنسانٍ عمَّا قَدَّمتْ يَداه مِن خَيرٍ يُكافأُ عَليه، أو شرٍّ يُعاقَبُ عَليه، فإذَا كُنتَ الآنَ لا تقدرُ عَلى حَمل جُزءٍ بَسيطٍ من تُرابِ هَذه الأرضِ فَكيف يَكون حَالُكَ إذا جئتَ يومَ القيامةِ وأنتَ تحملُ ذنبَ أخذِ هذهِ الأرضِ كُلّها منْ تلكَ المَرأةِ المِسكينةِ؟!».

٨ عَرَفَ السلطانُ خطأَه، واعتذرَ للمراةِ العجوز، وأمرَ المهندسَ أنْ يعيدَ سورَ الحديقةِ إلى ما كان عَليه، وتركَ للمرأةِ الاستراحةَ وكُلَّ ما فِيها من أبنية ونَباتٍ وَزرعٍ.

وهكذَا عادتِ الحديقةُ إلى صاحبتِها المرأةِ العَجوزِ، وظَلَّ الناسُ منذُ ذلكَ الوقتِ يُطلقون على تلكَ الحديقةِ اسمَ (حديقة العَدل).

٣ (أ) صِل بَيْنَ الكلمةِ والشَّرح:

١- يَتَجَوَّلُ	(أ) صارَ إليه ما لَهُ بَعْدَ مَوْتِه
٢- مُستَقيمٌ	(ب) سارَ مَعَهُ
٣- وَرِثَهُ	(ج) غيرُ أعْوَجٍّ
٤- اِصْطَحَبَهُ	(د) يَتَنَقَّلُ مِن مَكانٍ إلى مَكان

(ب) هات منَ النَّصِّ مرادِفًا مناسِبًا لكُلِّ كلمةٍ مما يأتي:

١- تعَوَّدَ: ....

٢- ذَنبٌ: ....

٣- أَوَدُّ: ....

٤ هات منَ النَّصِّ مرادِفًا مناسِبًا لكُلِّ كلمةٍ مما يأتي:

١- مُفَكِّرًا (فقرة ١): ....

٢- توصَّل (إلى) (فقرة ٢): ....

٣- رَماهُ (فقرة ٦): ....

٤- تَعَجَّبَ (فقرة ٥): ....

٥ املأ الفراغ في كل عبارةٍ ما يأتي بالمضادِّ في المعنى للكلمة التي تحتها خط:

١- وافقَ أبي على اشتراكي في الرِّحلةِ بعدَ أن .... أمسِ.

٢- يَشترِي تاجرُ الجملةِ البَضاعَةَ ثم .... ها للناس.

٣- لا بُدَّ من أنْ نُفرِّقَ بَيْنَ الخَيْرِ و ....

٤- يكافِئ المديرُ الموظَّفين النُّشَطاءَ و .... المهملين.

٥- كَتَبَ الطّالِبُ الـ .... بِجوارِ كُلِّ خطَأ.

القسم الثالث

بعد القراءة الثانية.

٦ ضع في المربع علامة (✔) أو (✘)، ثم صحّح الخطأ:

	صحيح أو خطأ	التصحيح
١- وافَقَتِ المرأةُ العجوزُ على أن تبيعَ أرضَها للسُّلطان.	☐	....
٢- مَلأ القاضي الكيسَ بتُرابِ الحديقة.	☐	....
٣- ساعَدَ السُّلطانُ القاضِيَ في حَملِ الكيس.	☐	....
٤- خافَ السلطانُ مِن عقابِ اللّه وَردَّ الأرضَ للعَجوز.	☐	....
٥- أعادَ القاضي الحَقَّ إلى العَجوزِ دونَ أن يُغضِبَ السُّلطان.	☐	....

٧ رتِّب الأفكارَ الآتيةَ حسب ورودِها في قصة «حَديقَةُ العَدل» بكتابة الأرقام في الدوائر:

◯ (أ) السُّلطانُ يأمُرُ بِطَرْدِ العجوز وَأخْذِ أرضها.
◯ (ب) السُّلطانُ يأمُرُ بإعطاءِ العجوزِ الاستِراحة.
◯ (ج) القاضي ينصحُ السُّلطانَ بإعادةِ الأرضِ إلى العَجوز.
◯ (د) المرأة تَشكو إلى القاضي ما فَعَلَهُ السُّلطان.
◯ (هـ) القاضي يَطْلُبُ منَ السُّلطانِ أنْ يساعِدَهُ في حَملِ الكيس.

٨ أجب.

١- لِمَ استولى السُّلطانُ عَلَى أرضِ العجوز؟..
٢- ماذا فَعَلَ القاضي بالكيس؟..
٣- هل استطاعَ السلطانُ حملَ الكيس؟..
٤- ممَّ خافَ السُّلطان؟..
٥- كيف تَصرَّف السُّلطانُ مَعَ المرأةِ العجوز؟..
٦- ما رأيُكَ في هَذا القاضي؟..

٩ راجعْ وَتَذَكَّرْ:

١- فهِمَ الطُّلابُ الدَّرسَ. (مفعول به منصوب بالفتحة)

٢- كافأَ المدرِّسُ المجتهدين. (مفعول به منصوب بالياء)

٣- احترَمَ الأبناءُ الأَبَوَيْن. (مفعول به منصوب بالياء)

٤- امتحنت المعَلِّمَةُ الطالباتِ. (مفعول به منصوب بالكسرة)

٥- قابلَ القائِدُ الجنودَ. (مفعول به منصوب بالفتحة)

٦- ساعَدَ الشّابُّ أخاهُ. (مفعول به منصوب بالألف)

١٠ عَيِّن الفاعلَ والمفعولَ بهِ في الجملِ التاليةِ:

	الفاعل	المفعول به
١- كَتَبَتِ التلميذاتُ الدرسَيْن.	....	....
٢- شرِبَ الطفلُ كوب اللَّبن.	....	....
٣- يختارُ المدرِّبُ أعضاءَ الفريق.	....	....
٤- أقامَت المدرسةُ حَفْلَ التَّخرُّج.	....	....
٥- أَنشأَتِ الجامعةُ كليةَ الطِّبِّ.	....	....
٦- دَرَسَ الطلابُ قِصَّتَينْ تاريخيتين.	....	....
٧- شَكَرَ المشرفُ المشتركين في النَّشاط.	....	....
٨- بَدَأَ المتسابِقونَ الجريَ في الملعَب.	....	....

لاحظ أن جميع الأفعال في هذه الصفحة متعدّيةٌ لمفعولٍ به واحد.

القسم الثالث

١١ اختر مما بين القوسين مفعولاً به مناسبًا واضبطه بالشكل:

١- أكلَ الضيفُ .... (تفاحتَان - تفاحةً - كوبًا)
٢- عالَجَ الطبيبُ .... (المستشفى - الممرضون - المريضَ)
٣- زار المهندسُ .... ((المشروعَ - الموقعان - التقرير)
٤- باع التاجرُ .... (ثوبان - الثوبَ - المسابقة)
٥- شكرتِ المعلمةُ .... (الفائزاتُ - الفائزاتَ - الفائزاتِ)
٦- تعلَّم التلميذُ .... (الكتابةَ - الطائرة - المسألتان)
٧- استقبل المديرُ .... (الضيوفُ - الضيوفَ - الضيوفِ)
٨- قابلتُ أمسِ .... (أَخوك - أبيك - أُمَّكَ)

١٢ أجب عن الأسئلة التالية بحيث تحتوي إجابتك على مفعول به:

١- ماذا يقرأ الطلابُ؟ ....
٢- مَنِ اختار الأعضاء؟ ....
٣- ماذا أحضَرَ خالدٌ؟ ....
٤- ماذا أعلَنَ القاضي؟ ....
٥- ماذا أقامت المدرسةُ؟ ....
٦- مَنْ وَدَّعْتمُ أمسِ؟ ....
٧- ماذا رَكِبَ السُّياحُ؟ ....
٨- مَنْ قابلتَ في المُتْحفِ؟ ....

القواعد:

- المفعولُ به اسمٌ منصوبٌ وقعَ عليْه فعلُ الفاعل.
- من الأفعال المتعدية ما ينصبُ مفعولاً واحدًا.
- يُنصب المفعول به بالفتحة إذا كان مفردًا أو جمعَ تكسير ، وينصب بالياء إذا كان مثنًّى أو جمعَ مذكرٍ سالمًا ، وينصبُ بالكسرةِ إذا كان جمعَ مؤنث سالِمًا ، وينصبُ بالألفِ إذا كانَ منَ الأسماء الخمسة.

الدرس ٤٨

أولاً: قبل الاستماع:

١٣ أجبْ عن الأسئلةِ الّتي تسمعها من المعلم. (شفهِيًا):

ثانيًا: (أ) استمع إلى القصة جيدًا، ثم أجب عن الأسئلة:

(ب) ضع في المربع علامة (✔) بجوار التكملة المناسبة لكل عبارة تسمعها:

١- ☐ (أ) السّوق المركزيَّة ☐ (ب) حديقة المنزل ☐ (ج) الفاكهيّ

٢- ☐ (أ) الأمُّ ☐ (ب) عادِل ☐ (ج) صفاء

٣- ☐ (أ) يتحدث في الهاتِف ☐ (ب) يستذكر دروسَه ☐ (ج) ينام

٤- ☐ (أ) المطبخ ☐ (ب) الشُّرفة ☐ (ج) الصالة

٥- ☐ (أ) يكتب خطابًا ☐ (ب) يقرأ جريدة ☐ (ج) يسمع الراديو

١٤ صِل بَيْنَ الشَّيْءِ وما يشتملُ عليه:

١- مَنْجَمٌ (أ) عَقارِبُ

٢- ساعَةٌ (ب) لَوْحَةٌ

٣- مَسْرَحٌ (ج) دَفَّةٌ

٤- مَعرِضٌ (د) ثَلاّجَةٌ

٥- مَطْبَخٌ (هـ) مِئْذَنَةٌ

٦- مَسْجِدٌ (و) فَحْمٌ

٧- غابَةٌ (ز) شَجَرَةٌ

٨- مَرْكَبٌ (ح) سِتارَةٌ

١٥ أجرِ حوارًا بينَك وبينَ زميلٍ لك، بحيثُ يقوم أحدُكما بدَوْرِ السُّلطان، وَيقومُ الآخرُ بدَوْرِ القاضي:

راعِ أنْ يشتَمِلَ الحوارُ على النقاط الآتية:

- استِئذان القاضي السّلطانَ في ملْء الكيس بتُرابِ الحديقة.
- طَلَب القاضي من السّلطانِ المساعدةَ في حملِ كيس التراب.
- الدّرْسُ الّذي أعطاهُ القاضي للسّلطان.
- القرارُ الأخير الّذي اتخذَهُ السُّلطانُ بِردِّ الأرضِ ومَنْحِ الاستراحةِ للعَجوز.

١٦ (أ) صِف ما تَراه في الصّورة، وتحدَّثْ عن نَشاط جَماعة التمثيل في مدرستِك:

(ب) اكتُبْ في هذا الموضوع فِقرة في نحو ٥٠ كلمة:

....

....

....

....

....

....

....

....

....

....

....

الدرس ٤٩ غذاؤنا

قبل القراءة الأولى

١ أجب.

- ١- لِمَ تهتمُّ البلاد بزراعةِ القمح؟
- ٢- كيف يستفيد الناس من تربية الماشية؟
- ٣- كم نوعًا أساسيًّا من اللحوم نتناوله؟ ما هي؟
- ٤- ما أهم غِذاء يتناوله أهل البلاد الساحلية؟
- ٥- اذكر الخطوات التي يمر بها الغِذاء حتى يصل إلى المستهلك.

٢ اقرأ.

١ كانَ الناسُ الأوائل يأكُلون أيَّ غذاءٍ نباتيٍّ يَستطيعونَ الحُصول عليه، مِن فاكهةٍ بريّةٍ وَجُذورٍ وَبُذورٍ. وبمرورِ الوقتِ صَنعَ الناسُ الأسلحَةَ لصَيْدِ الدِّببَةِ والأبقارِ البرِّيَّة. وَمُنذُ ٨٠٠٠ (ثمانيةِ آلاف) عام ق.م*. كانَ الناسُ قد بَدؤوا زِراعَةَ النَّباتاتِ وتَربيَةَ الحيواناتِ للحُصولِ عَلى الغذاء.

٢ وَبيْنَ عامَيْ ٣٥٠٠ و١٥٠٠ ق.م ظهرَت حضاراتٌ عَظيمةٌ في أوديةِ الأنهارِ مثل وادي النّيلِ، ووادي دِجلَةَ والفُراتِ (العراق حاليًّا)، وَوادي السِّندِ (باكستانِ حاليًا). ولَم تَستطِعِ اليونانُ القديمةُ إنتاجَ غذاءٍ كافٍ، ولِذلكَ احتلّوا الأراضيَ المجاورةَ لَهُم، فكانوا يحصُلونَ مِنَ الشَّرقِ عَلى المشمِشِ والخوخِ والتوابل، وَمِن مصرَ عَلى القَمحِ الّذي شكّلَ الأساسَ للطَّعامِ الرّومانيّ.

٣ الغذاءُ من أهَمِ احتياجاتِنا الأساسِيَّة. فنَحْنُ لا نحيا بدونه، فهُوَ يُزوِّدُنا بالطّاقَةِ لِكُلِّ نشاطٍ نَقومُ به: المَشْي، والكلام، والعَمَل، واللّعب، والقراءة، وكذلِكَ التفكيرُ والتّنفسُ، كما يمُدُّنا الغذاءُ بالطّاقةِ التي تحتاجُها عضلاتُنا وقُلوبُنا لكَي تعمَلَ.

٤ والنباتاتُ هِيَ المصدرُ الأساسيُّ لمُعظَم غذاءِ الإنسان. وأهُمُّ الأغذيَة الّتي نَحصُلُ عليْها مَن النباتاتِ الحبوبُ مثلُ الشَّعيرِ والذُّرَةِ والأرزِ والقمح

الّذي نطْحَنهُ لنَحصُلَ علَى الدقيقِ الذي نَصنَعُ منه جميعَ أنواعِ الخُبزِ. والفاكهة وتشمل التُّفاّحَ، والموْزَ، والشَّمامَ، والبرتُقالَ، وَالفراولة... إلخ. والخضراواتِ كالفاصوليا، وَالجزر، والخَسّ، والبَصَل، والبازلّاء، والبَطاطِسِ، والطَّماطِمِ، وَهِيَ تُقدَّمُ طازَجَةً أو مَطبوخةً.

٥ ويشْمَلُ الغذاءُ منَ المَصادرِ الحَيوانيةِ اللَّحمَ الأحمَرَ البقريّ، ولحْمَ الغنَم، وحيواناتِ الصَّيدِ كالغزالِ والسَّمك. وكذَلكَ الدَّواجنَ (الدجاجُ والبطُّ والإوَزُّ والدّيكُ الرّوميّ). ويُربي المزارِعون الدَّواجِنَ - وخصُوصًا الدَّجاجَ - للحصولِ على بيْضِها ولَحْمِها. وتزوِّدُ الأبقارُ النّاسَ بمُعْظَمِ الحَليبِ في كثيرٍ منَ البُلدانِ، وتُنْتِجُ حَيواناتٌ مثلُ الجمالِ أو الماعِزِ أو الأغنامِ الحَليبَ في بعضِ أنحاءِ العالَم.

٦ ساعَدَ حِفظُ الأغذيَةِ في جَعلِ الحياةِ الحديثَةِ مُمكنَةً، فَلوْلاهُ لما أمكنَ نَقْلُ الغذاءِ منَ الرّيفِ إلى المُدُنِ دونَ أنْ يتعرَّضَ للتَّلَف. وَمِن أشهَرِ طُرقِ حِفظِ الطَّعام. إضافَةُ الملح إلى الموادِّ الغذائيَة، وَتُستَخْدَمُ لِحفظِ لَحم البقَرِ والسَّمَك. ولَعَلَّ التَّعليبَ أكثَرُ طُرقِ حفظِ الأغذيَةِ انتِشارًا، حيْثُ يتمُّ حفْظُ الأغذِيَةِ في عُلَبٍ منَ الصَّفيحِ أوَ الزُّجاج. وَهُناكَ -كذَلك طريقَةُ التَّجميدِ، والَّتي تُستَخْدَمُ في حِفظِ الخَضراواتِ واللَّحم والسَّمَك.

٧ يَمرُّ الغذاء بعدَّةِ مَراحِلَ قَبلَ وُصولِهِ للنّاس. فالمزارِعون يزرعونَ المحاصيل، وَيُربّون الحيَوانات. ثمَ يأتي دَوْرُ التَّصنيعِ وتجهيزِ الغذاء لشَحنَةٍ إلى السّوق. ثُمَّ تغليفِهِ داخِلَ صناديقَ من الكرتون أو الخشَبِ لحمايَتهِ منَ التَّلفِ وَالرَّوائح. ثم تأتي الخُطوَةُ الأخيرَةُ وَهِيَ النَّقْل. ويَتمُّ ذَلكَ بالشّاحِناتِ والسِّكَكِ الحديديَّة والسُّفُنِ والطائِراتِ الّتي تنقلُ الغذاء إلى تُجّارِ الجُملَةِ الّذين يَشترون كمّياتٍ كَبيرةً مِنه، ثُمَّ يَبيعونَ كميّاتٍ أصْغَرَ إلى بائِعي التّجزئَةِ الّذينَ يَبيعونها إلى المُستَهلِك.

٣ (أ) صِل بين الكلمةَ والشرح أو التعريف:

١- كافٍ (فقرة ٢) تاجرٌ يبيعُ بضاعَتهُ أجزاءً للمُستهلِك

٢- طاقةٌ (فقرة ٣) قُوَّةٌ بَدَنِيَّةٌ / حَرارِيّةٌ / كهربائية / ذرِّية.

٣- بائع تجزِئة (فقرة ٧) تَستَغني بِهِ عن غيرِهِ

(ب) ابحث في معجمك عن معنى كل كلمة مما يأتي:

١- تَجْهيزٌ: ....

٢- أنحاءٌ (المفرد: نَحْوٌ): ....

٣- تَلَفٌ: ....

٤ هاتِ من النصّ مرادفًا لكل كلمةٍ مما يأتي، واستخدمه في جملة من عندك:

	المرادف	الجملة
١- صُنْع (فقرة ٢):	....	....
٢- كَوَّنَ (فقرة ٢):	....	....
٣- يَعيشُ (فقرة ٣):	....	....
٤- مَنْبَع (فقرة ٤):	....	....
٥- أغْلَب (فقرة ٤):	....	....
٦- بِدونِهِ (فقرة ٦):	....	....

٥ هاتِ من النَّصِّ المضادَّ في المعنى لكُلِّ كلمةَ مما يأتي:

١- الأواخِر (فقرة ١): ....

٢- اِخْتَفَى (فقرة ٢): ....

٣- بائِتٌ (فقرة ٤): ....

٤- تاجِر جُمْلَة (فقرة ٧): ....

بعد القراءة الثانية.

٦ ضع في المربع علامة (✔) أو (✗)، ثم صحّح الخطأ:

	صحيح أو خطأ	التصحيح
١- تناوَلَ الناسُ الغذاءَ الحيوانيَّ قبلَ النباتيِّ.	☐	....
٢- بعدِ صُنعِ الأسلحةِ كانَ الناسُ يأكُلون لُحوم الحيواناتِ التي يصيدونَها.	☐	....
٣- بدأ الناسُ زِراعَةَ النَّباتِ مُنْذُ ٤٠٠٠ أربعةِ آلافِ سَنة.	☐	....
٤- يُزَوِّدُنا الغذاءُ بالطاقةِ لِكُلِّ نشاطٍ نقومُ به.	☐	....
٥- يَبيعُ تُجّارُ التَّجزِئَةِ البَضائعَ المختلفةَ لتُجّارِ الجُملَةَ.	☐	....

٧ صِلْ بينَ عباراتِ المجموعةِ الأولى وبينَ العباراتِ المناسبةِ من المجموعةِ الثانيةِ:

١- ظَهَرَت حضاراتٌ عظيمةٌ في أَوْدِيَةِ الأنهارِ مثلِ	(أ) الغزالُ والسَّمك.
٢- كان اليونانيون القدماءُ يَحْصُلونَ مِن مصْرَ	(ب) باللَّحمِ والحليب.
٣- أهمُّ الأغذيةِ الّتي نحصُلُ عليها من النباتات	(ج) النّيل ودِجْلَة والسِّند.
٤- تُزَوِّدُ الأبقارُ النّاسَ بِـ	(د) عَلَى القَمحْ.
٥- مَنْ حَيواناتِ الصَّيْدِ	(هـ) الحُبوبُ والفاكهةُ والخَضراوات.

٨ أجب:

١- «نحنُ لا نحيا بِدونِ الغذاء» وضّحْ.

٢- أُذكُر ثَلاثَ طُرُقٍ مُختَلِفَةٍ لحفظِ الغذاء.

٣- اشرح كيفَ ساعَدَ حفظُ الغذاءِ في جَعْلِ الحياةِ الحديثةِ ممكنَة.

(ب) رتِّب مراحلَ تصنيعِ الغِذاءِ بكتابةِ الأرقامِ في الدَّوائِر:

◯ تَصنيعُ وتجهيزُ الغذاء.

◯ نقْلُ الغذاءِ لتّجارِ الجُملةِ.

◯ زِراعَةُ المَحاصيلِ وَتربيةُ الحَيوانات.

◯ تَغليفُ الغذاءِ داخلَ صَناديق

٩ ادرس.

فعل التاء فاعل — مفعول به أول — مفعول به ثانٍ

١- ظَنَنْتُ الجوَّ حارًّا.

الجوَّ: مبتدأ — حارًّا: خبر

٢- جَعَلَ الكنّاسونَ الطَّريقَ نظيفًا.

٣- وَجَدَ الطُّلاّبُ الامتحانَ سهلاً.

٤- حَسِبَ الابْنُ أباهُ بَطَلاً.

٥- اتَّخَذَ الولَدُ الجارَ صَديقًا.

اتَّخَذَ: فعل متعدٍّ لمفعولين — الولَدُ: فاعل — الجارَ: مفعول به أول (مبتدأ) — صَديقًا: مفعول به ثانٍ (خبر)

١٠ عَيِّن المفعولَيْن في كل جملة من الجمل التالية:

	المفعول الأول	المفعول الثاني
١- حَسبْتُ خالدًا مَوْجودًا في الحَفل.	....	....
٢- جَعَلَ البُستانيُّ الحَديقةَ جَميلةً.	....	....
٣- جَعَلَ المواطنون مَدينتَهم أكثَرَ نظافةً.	....	....
٤- ظَنَّ الطُّلابُ المسألةَ سهلةً.	....	....
٥- يُعِدُّ النّاسُ العَملَ مفيدًا.	....	....
٦- وجدت المدرِّسَةُ التلميذاتِ مجتهداتٍ.	....	....
٧- رَأيْنا الرِّياضةَ ضروريةً للصحة.	....	....
٨- اِتخَذَ المديرُ الموظفَ مساعدًا له.	....	....

١١ احذف الفعلَ والفاعِلَ من الجمل التالية، واكتبها صحيحة مع الضبط بالشكل:

١- يعدُّ الناسُ الصدقَ فضيلةً. ....
٢- يتَّخِذُ الأطباءُ المَشْيَ وسيلةً للعلاج. ....
٣- جَعَلَ المترجِمُ الكتابَ مفهومًا للقراء. ....
٤- حَسِبَ السّائحُ الفنادِقَ عاليةً في المدن. ....
٥- جَعلَتِ الطائِراتُ السَّفَرَ الطَّويلَ مريحًا. ....
٦- ظَنَنْتُ الرَّجُلَ ذا علمٍ وثقافةٍ. ....

١٢ أدخل الفعلَ الذي بين القَوْسَينْ عَلى العبارة، وأضف فاعلاً مناسبًا من عندك مع الضبط بالشكل:

١- الغرفَةُ واسعةٌ. (حَسِبَ): ....
٢- الإخلاصُ في العملِ وَسيلةٌ للنجاح. (رَأَى) ....
٣- صناعَةُ السياراتِ مُتقَدِّمَةٌ في اليابان. (وَجَدَ) ....
٤- اللغةُ العربيةُ منتشرةٌ في إفريقيا. (ظَنَّ) ....
٥- العمَلُ مريحٌ في المصنع. (حَسِبَ) ....
٦- التطويرُ عامِلٌ مُهِمٌّ في التنمية (يُعِدُّ) ....
٧- الدرسُ سَهْلٌ. (جَعَلَ) ....
٨- الابنةُ صديقةٌ. (اتّخَذَ) ....

القواعد:

- من الأفعال التي تنصب مفعولين أصلهما المبتدأُ والخبَر: ظَنَّ، جَعَلَ، وَجَدَ، حَسِبَ، اتَّخَذَ، رَأَى، عَدَّ.
- تَدُلُّ ظَنَّ، وحَسِبَ، وعَدَّ على الشَّكِّ والرُّجْحانِ.
- وتدُلُّ رأى، وعَلِمَ، وَوَجَدَ على التحقيق واليقين.
- وتدُلُّ جَعَلَ، واتخَذَ على التغيير أو التحويل.

أولاً: قبل الاستماع:

١٣ أجبْ عن الأسئلةِ الّتي تسمعها من المعلم. (شفهيًا):

ثانيًا: استمعْ إلى الحوار الآتي جيدًا، ثم أجب عن الأسئلة:

استمعْ إلى الأسئلة، واكتب في الدائرة رقم السؤال بجوار الإجابة المناسبة:

◯ (أ) نستخدُم السُّلَّم عندما نريدُ إحضارَ شيْءٍ من مكانٍ مرتفع.

◯ (ب) رُبَّما يتعثَّرُ بها أحَدٌ وهو يمرُّ عليها.

◯ (ج) الحريقُ والوُقوعُ، والكُسور.

◯ (د) يجبُ أن أُعيدَ الأشياءَ واللُّعَب إلى مكانِها.

◯ (هـ) لا نُشعِلُ أعوادَ الثِّقابِ، ولا نقتربُ من النار.

١٤ هناك كلماتٌ تقرؤها دائمًا معًا. اقرأ كلمات المجموعتين:

(أ) اخترْ كلمةً من المجموعة العُليا معَ ما يناسبُها من كلمات المجموعة السُّفلَى واكتبْهُما:

جو	طعام	صديق	منظر	قلب
لذيذ	معتدل	رحيم	مخلص	جميل

١- جَوٌّ مُعْتَدِل

٢- ....

٣- ....

٤- ....

٥- ....

(ب) ضَعْ كلمتَيْن منها في جُملة من عِندك:

الكلمتان: .... الجملة: ....

١٥ أجب:

١- هَلْ تَحبُّ أَكل الخضراوات؟ ماذا تُحِبُّ منها؟

٢- ما الحيواناتُ الّتي تعطينا اللُّحوم؟

٣- أيَّ أنواع اللُّحوم تُفَضِّل؟

٤- ماذا تحبُّ منَ الفاكهة؟

٥- كيفَ تجعلُ وَجبتَكَ مُتَوازِنَةً؟

٦- كمْ وجبةً تأكُلُ عادَةً في اليَوم؟ ما هِيَ؟

١٦ (أ) انظر إلى الصورة. صف ما تراه في الصورة. تكلَّم لمدة دقيقة:

(ب) اكتب فقرة عما تشاهده في الصورة: (نحو ٥٠ كلمة)

....

....

....

....

....

....

....

....

....

....

....

....

العَقلُ زينَةٌ (قصة)

قبل القراءة الأولى

١ أجب.

- ١- هل تَذهبُ إلى السّوقِ؟ ماذا تشتَري من هناكِ؟
- ٢- ماذا تفعَل إذا كانتِ الأشياءُ التي اشتريتَها ثقيلةً؟
- ٣- وماذا تفعَل مَعَ الأشياءِ القابلَةِ للكَسْرِ؟
- ٤- كيفَ تحافِظُ عَلى ما معكَ من نُقودٍ وأنتَ ذاهبٌ إلى السّوقِ؟

٢ اقرأ.

١ يُحْكى أنَّ امْرَأةً فقيرةً كانَتْ تَعيشُ في بلَدٍ بعيدٍ، وكانَ عندَها ابنٌ اسمُهُ مازن.

وفي يوم من الأيام، قالت الأمُّ لابنها مازن: «اسمعْ يا بُنَيّ ... نحنُ فُقراء. ويجبُ أنْ تخْرُجَ لتَبْحَثَ عَنْ عمَلٍ. وتشْتَغِل فتكسِبَ... لتجدَ المالَ الّذي نُنْفقُ منْه».

٢ كانَ مازنٌ يُحِبُّ أُمَّهُ.. ويُطيعُها... ويَسْمَعُ كلامَها... ولا يَعْصِي لَها أَمْرًا. خرَجَ مازِنٌ... واشتغَلَ مَعَ فَلّاحٍ في الحقلِ... الفلاحُ أعطاهُ دينارًا.

وَضَعَ مازن الدينارَ في منديلِهِ بإهمالٍ فوَقعَ منْهُ.. وضاعَ.. رجَعَ مازنٌ إلى أُمِّه بلا نُقود.

أُمُّهُ قالتْ لَه: «كانَ يجبُ أنْ تضَعَه في جيْبِكَ!».

قال مازنٌ لأُمِّهِ: «في المرَّةِ القادمةِ يا أُمّي!».

٣ وفي اليومِ التالي خرَجَ مازنٌ واشْتَغَلَ في مَزْرَعةٍ... وأخذَ أُجْرتَهُ بعْضَ اللَّبنِ الحليبِ.

وَضعَ مازنٌ الحليبَ في جيبه.. سالَ الحليبُ عَلى الأرْضِ..

أُمُّهُ قالتْ له: «ما هَذا الّذي فعلْتَه يا مازن؟! كانَ يجبُ أنْ تَحْملَهُ عَلى رَأسكَ!».

٤ مازنٌ خرجَ واشْتغلَ في محلِّ بقالةٍ وأخذَ أجْرتَهُ تِسْعَ بَيضاتٍ.. وضعَ مازن البيضاتِ عَلى رأسهِ فوقعتْ وتكسَّرتْ..

أمُّه قالتْ لَهُ: «ما هَذا الذي صنعْتَ؟ كانَ ينْبَغي أنْ تحْملَها في يدَيْكَ...»

٥ وفي اليوم التالي: مازنٌ خرجَ واشتغلَ عندَ راعي غنَم.. وأخذ أجْرتَهُ خروفًا صغيرًا. فحمله على يديَه.. وسار نحوَ بيتِهِ. ولكنَّ الخروف كان ثقيلاً! نطَّ الخروفُ عَلى الأرضِ.. وهرَبَ.

أُمُّهُ قالتْ له: «ما هذا الّذي عملْتَهُ يا بُنَي؟! كانَ يَجبُ أنْ تربطَهُ بحبْلٍ... وتجُرَّهُ وراءَك»

٦ وفي اليوم التالي: خرجَ مازنٌ واشتَغَلَ عنْد جزار، وأخذَ أجْرَتَهُ نِصْفَ خروفٍ مذبوح. رَبطَ مازن لحْمَ الخروفِ بحبلٍ وجَرَّهُ وراءهُ. فأكلَتْهُ الكلابُ... ولم تتْرُكْ قطعة لَحمٍ واحدة.

وصَلَ مازِنٌ إلى أُمِّه يجُرُّ الحبلَ وليسَ فيه لحْمٌ.

أُمُّهُ قالتْ لَهُ: «ما هَذا الّذي عملتَهُ؟! كانَ يَجبُ أنْ تَحْملَهُ عَلى كتفِكَ».

٧ خرَجَ مازنٌ في يومٍ آخَرَ ... واشْتَغَلَ عنْدَ تاجرِ ماشِيَةٍ وأخذَ أُجْرَتَهُ ماعزًا كبيرةً فحَملَها عَلى كتفه ... وسار في الطَّريق ... رَأتْهُ ابْنَةُ تاجرٍ غني وأخذَتْ تضْحَكُ مَسْرورَةً.

التاجرُ الغنِيُّ قالَ لمازن: «ابْنَتي كانَت حزينةً... لم تَضْحكْ طَوالَ حياتها أبدًا. واليومَ ضحكتْ لأوّلِ مرَّةٍ. وأنا قُلْتُ ... منْ يُضحِكُها أجعلُهُ شَريكًا لي في تِجارتي، وأُعْطِهِ نِصْفَ ثَرْوتي ...

٨ اشْتَغلَ مازنٌ مَع التاجرِ الغنّي وساعدَهُ في تجارَتِهِ وَصارَ منَ الأغْنياءِ. ثُمَّ تزوَّجَ من ابنةِ التاجرِ وعاشَ مَعَ أمِّهِ وَزَوْجَتِهِ سعيدًا مسرورًا.

٣ (أ) استخرج من القصة الكلمةَالتي تؤدّي معنى كُلٍّ مما يأتي:

١- .... : كُلُّ ما يملكُهُ الإنسانُ مِن نقودٍ ومتاعٍ وغيرِ ذلك. (فقرة ١)

٢- .... : ما يأخُذُهُ المرءُ مقابلَ العمَلِ والانتِفاع. (فقرة ٣)

٣- .... : لهُ وَلى نَصيبٌ في أمرٍ ما. (فقرة ٧)

(ب) ابحث في معجمك عن معنى كُلِّ كلمةٍ مما يأتي:

١- عَصى/يَعصِي (فقرة ٢): ....

٢- سالَ/يَسيلُ (فقرة ٣): ....

٣- ثَروَةٌ (فقرة ٧): ....

٤ هاتِ من القصة مرادفًا لكلِّ كلمةٍ مما يأتي:

١- عَملَ (فقرة ٢): .... ، يَجِبُ (فقرة ٤): ....

٢- عادَ (فقرة ٢): .... ، مَشَى/يَمشِي (فقرة ٧): ....

(ب) صل بين الأفعال والأسماء المناسبة:

٣- يُنفِقُ	الأمرَ
٤- يَعصِي	الحبْلَ
٥- يَربِطُ	المالَ

٥ املأ الفراغَ في كل عبارة مما يأتي بالمضادِّ في المعنى لما تحته خط:

١- هذا التاجِرُ .... في تجارتِهِ، ولا يَخسَرُ أبدًا.

٢- هو يؤدّي عملَه بعنايَة، أمّا أخوه فيعمل ....

٣- كانَ الجوُّ حارًّا في الأسابيعِ السابقة، وسيعتدلُ الجوُّ في الأيام ....

٤- ينبغي أن يساعِدَ الغَنِيُّ ....

القسم الثالث

بعد القراءة الثانية.

٦ صِل بين عبارات المجموعة الأولى والعبارات المناسبة من المجموعة الثانية:

المجموعة الأولى	المجموعة الثانية
١- أعطى الفلاّحُ مازِنًا	(أ) بعضَ اللَّبنِ الحَليب.
٢- وأعطاهُ صاحِبُ المزرَعَةِ	(ب) خَروفًا صغيرًا.
٣- وأعطاهُ البقّالُ	(ج) دينارًا.
٤- وأعطاهُ راعي الغَنم	(د) ماعزًا كبيرَة.
٥- وأعطاهُ تاجِرُ الماشِية	(هـ) تِسعَ بيضاتٍ.

٧ ما أرقامُ الفقرات التي جاءت فيها الأفكار الآتية؟

الفِكرة	رقم الفقرة
١- ابنةُ التاجِرِ الغنيِّ تضحكُ مسرورةً.	....
٢- مازنٌ يأخُذُ أجرَتَهُ بَعضَ الحليبِ.	....
٣- الخَروفُ يَهرُبُ مِن مازنٍ وَيَختفي.	....
٤- طَلبُ الأمِّ مِن مازنٍ البحثَ عَن عمل.	....
٥- مازِنٌ يَشتَغِلُ في مَحلٍّ بقالَة.	....

٨ هذه هي الأخطاء التي وَقع فيها مازن. اكتُب نتيجَةَ كُلِّ خطأ، واذكر ما كانَ ينبغي أن يفعلَه بدَلاً من ذلك كما أخبرتَهُ أمُه:

الأخطاء	النتيجة	ما كان يجبُ أن يفعله
١- وَضَعَ الدينارَ في منديلهِ بإهمال.		
٢- وَضَعَ الحليبَ في جَيْبِه.		
٣- وَضَعَ البيضاتِ عَلى رأسِه.		
٤- حمَلَ الخَروفَ عَلى يَدَيْه.		
٥- رَبَطَ نِصفَ الخروفِ المذبوحِ بحبلٍ وجَرَّه.		

٩ ادرس:

	فاعلٌ	مفعولُ أول	مفعول ثانٍ	صِفَةٌ
١- أَلْبَسَتِ	الأمُّ	ابنَها	حِذاءً	جديدًا.
٢- وَهَبَ	الوَلَدُ	الفقيرَ	صَدَقَةً.	
٣- مَنَحَ	المديرُ	المتفوِّقَ	جائزةً.	
٤- علَّمَ	المدرِّسُ	التلاميذَ	الحِسابَ.	
	فاعل	مفعول أول	مفعول ثانٍ	

٥- أعطَى الأبُ ابنتَهُ مصروفَ الجَيْبِ.

٦- كَسا الغَنِيُّ الأيتامَ مَلابِسَ شِتوية.

١٠ أكمل العبارات الآتية بمفعول به ثانٍ مناسبٍ، تختارُه منَ الصُّندوق، واضبطه بالشكل:

(لاحظ أن بعض الأفعال تنصب مفعولين أصلهما المبتدأ والخبر، والبعض الآخر ليس أصلهما المبتدأ والخبر)

أَرْض - مِعْطَف - جَنَّة - واجِب - كافٍ - غَنِيّ

١- رَأَى العُمّالُ الراتِبَ ....

٢- وَهَبَ الحاكِمُ الفلاحين ....

٣- حَسِبَ الوَلَدُ أخاه ....

٤- أعطَتِ المعلِّمَةُ الطالباتِ ....

٥- جَعَلَ المزارعون الصحراءَ ....

٦- أَلْبَسَتِ المُرَبِّيَةُ الطِّفلَ ....

القسم الثالث

١١ أعرب العبارتين الآتيتين:

(أ) مَنَحَ المدرِّب الفائز جائزتَين.

الكلمة	إعرابها
منح	....
المدرب	....
الفائز	....
جائزتين	....

(ب) ظَنَّ الباحثُ المكتبة بَعيدة.

الكلمة	إعرابها
ظَنَّ	....
الباحثُ	....
المكتبة	....
بَعيدة	....

١٢ ابنِ الأفعال الآتية للمجهول، وبَيِّن نائب الفاعل والمفعول الثاني:

١- مَنَحَ الرئسُ العالِمَ جائِزةً. — مُنِح (فعل ينصب مفعولين) العالِمُ (نائب فاعل) جائزةً. (مفعول ثانٍ)

٢- ظَنَّ المسافرون القطارَ سريعًا. ....

٣- رَأى الصَّحَفِيُّ السُّكوتَ مفيدًا. ....

٤- أعطى الموظفُ المسافرَ تذكرةً. ....

٥- جَعَلَ الخادِمُ الغرفَةَ مُرَتَّبَةً. ....

٦- ألْبَسَ الفلاح ابنَه ثوبًا. ....

٧- حَسِبَ الرحّالةُ السَّفَرَ رخيصًا. ....

٨- وَهَبَ الأب أبناءَهُ مَزْرَعَةً. ....

القواعد:

- من الأفعال المتعدية التي تنصب مفعولين ليس أصلهما المبتدأ والخبر: ألبَسَ، و وَهَبَ، ومَنَحَ، وعَلَّمَ، وأعطى، وكَسا (يكسو)
- عند بناء الفعل الذي ينصب مفعولَيْنِ للمجهول، يكون المفعولُ الأولُ نائبَ فاعِلٍ، ويبقى الآخَرُ مَفعولاً ثانيًا.

الدرس ٥٦

أولاً: قبل الاستماع:

١٣ أجبْ عن الأسئلةِ الّتي تسمعها من المعلم. (شفَهِيًّا):

ثانيًا: استمع إلى النص جيدًا.

أكمل باختصارٍ كلَّ عبارةٍ تسمعها.

١- تكملة العبارة الأولى: ....

٢- تكملة العبارة الثانية: ....

٣- تكملة العبارة الثالثة: ....

٤- تكملة العبارة الرابعة: ....

٥- تكملة العبارة الخامسة: ....

١٤ استمع ... أنشِد ... احفظ

اليَد

بِيَدي أكْتُبْ   بـيَـدي ألْـعَـبْ
بـيَـدي آكُـلْ   بِيَدي أشْـرَبْ

❖❖❖

بِيَدي أعْطي   بـيَـدي أدْفَـعْ
بـيَـدي أَبْـنـي   بـيَـدي أصْـنَـعْ

❖❖❖

كُـلُّ مُـفـيـدٍ   لـلأَوْطـان
تَـمَّ بِـفـضْـلِ   يَـدِ الإنـسـان

١٥ ماذا تقولُ؟

١- لجدِّكَ عندما تزورُه؟

٢- لجارِكَ عندما تقابلهُ في الصباحِ؟

٣- للبائعِ لتسأَلَ عن الأقلامِ الملوَّنة؟

٤- لأبويْكَ وأنتَ ذاهِبٌ للنوم؟

٥- لتعتذِرَ للمعلمةِ لأنك لم تعمل الواجب؟ (قل السبب)

٦- لِتُهَنِّئَ زميلاً لك بمناسبة نجاحِهِ في الامتحان؟

١٦ وازنْ بَيْنَ الصورتَيْن متناولاً: المكان، النشاط، الناس.

اكتُب فقرةً عن كُلِّ صورَة. (نحو ٢٥ كلمة)

١- ....

....

....

....

....

....

....

٢- ....

....

....

....

....

....

....

الدرس ١٧ أيامٌ لها تاريخ (مجلة ناشئين)

قبل القراءة الأولى

١ أجب.

- ١- ما مجلةُ الأطفالِ العربيةُ المفضلةُ لديك؟
- ٢- ما الموضوعات التي تحِبُّ أن تقرأها في المجلات؟
- ٣- لِمَ يفضلُ بعضُ الأطفالِ قراءةَ القصصِ المصورة؟
- ٤- هل تعرفُ اسمَ أولِ رائدةِ فضاء؟ ما جنسيتُها؟
- ٥- مَن مخْتَرِعُ الهاتِفِ «التليفون»؟

٢ اقرأ.

رزنامة العربي الصغير للأحداث التاريخية

4 /1893
مولد أحد أشهر كتاب الشعر الشعبي في الوطن العربي محمود بيرم التونسي، غنت بعض قصائده المطربة الكبيرة أم كلثوم!

5 /2006
حفل الأوسكار
أحد أشهر الاحتفالات السنوية في مجال السينما توزع خلاله الجوائز على أفضل الأفلام السينمائية.
www.oscar.com

6 /1937
مولد أول رائدة فضاء في التاريخ الروسية فالانتينا تيريشكوفا.
(طالع رزنامة يونيو ٢٠٠٥)

7 /1872
مولد أحد أهم فناني القرن العشرين الرسام الهولندي موندريان.
(طالع إحدى لوحاته)
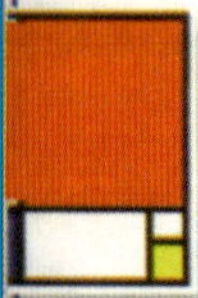

11 /2004
وداعا الجدران المعتمة ! إنجاز فائق حققه مهندس هنغاري في صناعة مادة بناء حوائط شفافة يمكن أن يتخللها الضوء!!

12 /2006
السباق العالمي للسيارات المعروف باسم الفورمولا ١ يقام هذه المرة على أرض مملكة البحرين!
١٠ - ١٢ مارس ٢٠٠٦

13 /623
معركة بدر الكبرى
انتصار المسلمين على الكفار
١٧ رمضان في السنة الثانية للهجرة.

14
مولد مبتكر ورسام الشخصية الكرتونية دينيس Dennis Menace هانك هتشام.

18 /2005
إطلاق أول حذاء ذكي في العالم!! أديداس-١ يحمل عقلاً إلكترونيا يجعل الحذاء صلبا أو لينا حسب الأرضية التي يدوس عليها الحذاء!!

19 /1932
افتتاح جسر ميناء مدينة سيدني الشهير في أستراليا.

20 /2006

العيد الوطني الخمسون للجمهورية التونسية.
اليوم يصادف دخول فصل الربيع.

21
عيد الأسرة

25 /1949
فوز أول فيلم إنجليزي (هاملت)، بجائزة الأوسكار العالمية للكاتب الإنجليزي وليام شكسبير والمخرج لورانس أوليفييه!

26 /1999
اختراق فيروس (الدودة ميليسا) أجهزة الكمبيوتر حول العالم وإتلاف العناوين الإلكترونية!

27 /2004
إطلاق طائرة سرعتها سبعة أضعاف سرعة الصوت X-43A!! فهل هي الأسرع على الإطلاق؟ ترقبوا الإجابة في رزنامة عدد نوفمبر القادم!

28 /1897
مولد مخترع حفاضات الأطفال (بامبرز) فيكتور ميلز.

أيّامٌ لَها تاريخ

مارس 2006

1 /2006

إطلاق لعبة البلاي ستيشن ٣
في هذا الشهر.

2 /2005

إطلاق جليسة الأطفال
(الدبة تيدي) تراقب وتروي
قصصا للأطفال، تحمل
بعينيها كاميرا لتشاهد
وبفمها ميكروفونا لتتحدث
مع الطفل عند خروج الأم!

3 /1847

مولد مخترع جهاز
التليفون
الأسكتلندي
جراهام بيل.

8

اليوم العالمي للمرأة

9 /1883

مولد فنان النحت اللبناني
يوسف سعد الله الحويك
الذي سخّر أنامله وإزميله
ليحوّل الصخور إلى قطع فنية
باهرة الجمال!

10 /2006

إطلاق فيلم
المغامرات
الطريف
الكلب شاقي.
The shaggy dog

15 /2006

دورة ألعاب الكومنولث
في مدينة ميلبورن
بأستراليا
١٥-٢٦ مارس ٢٠٠٦

16 /2006

٦٠٠ عام على رحيل العلامة
والمؤرخ والفيلسوف العربي
الخالد ابن خلدون.
لنحتفل جميعا بهذه المناسبة العزيزة
١٤٠٦-٢٠٠٦

17 /1845

اختراع الشريط
المطاطي على
يد الإنجليزي
ستيفن بيري

22

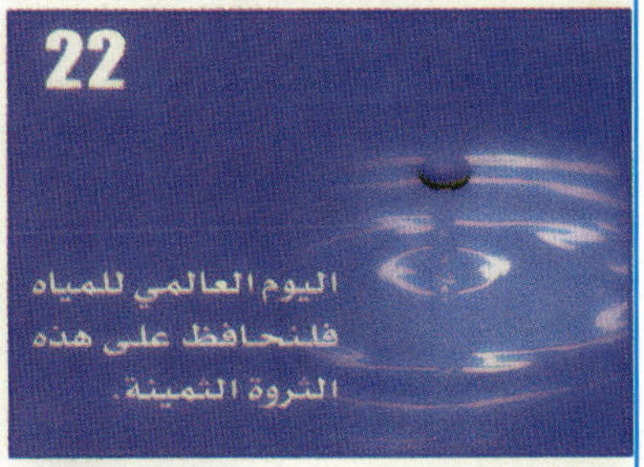

اليوم العالمي للمياه
فلنحافظ على هذه
الثروة الثمينة.

23 /2006

العيد الوطني الخمسون
للجمهورية الباكستانية

24 /2005

اكتشاف علمي مدهش في قدرة
الفيلة على تقليد الأصوات بعد أن
وجد العلماء فيلة تعيش في شوارع
كينيا تصدرأصواتا مطابقة لأبواق
السيارات وأصوات الشاحنات!!

29 /2006

كسوف كلي للشمس

30

يوم الأرض
يوم تعبر فيه شعوب العالم عن
تضامنها مع الشعب الفلسطيني.

31 /1889

افتتاح برج إيفل
أشهر معالم
باريس عاصمة
فرنسا.

٣ هاتِ من النصِّ مرادفَ كلِّ كلمةٍ من الكلماتِ الآتيةِ:

اليوم	كلمة	المرادف	اليوم	الكلمة	المرادف
٢	يَحكي:	....	٢٢	الغالِيَة:	....
٥	أحْسَنُ:	....	٢٤	مُماثِلَة:	....
٩	أصابعُ:	....	٢٤	مُحاكاة:	....
١٤	مُخْتَرِعٌ:	....	٢٥	انتِصارٌ:	....
١٦	مَوْتٌ:	....	٢٧	أبدًا	....

٤ هاتِ من النصِّ المضادَّ في المعنى لكل كلمة مما يأتي:

اليوم	كلمة	المرادف	اليوم	الكلمة	المرادف
٣	وَفاةٌ:	....	١٨	صُلْبٌ:	....
٦	آخِر:	....	٢٧	الأبطَأ:	....
١١	مُعْتِمةٌ:	....	٢٩	جُزْئيّ:	....
١٣	هزيمة:	....	٢٠	خُروج:	....

٥ املأ الفراغاتِ في العباراتِ الآتيةِ بتعبيرٍ مناسبٍ من القائمةِ:

عَلى يَد - سِخَّرَ أنامِلَهُ - عَلَى الإطلاق

١- هذا المثّال .... ليحوّلَ الصخورَ إلى قِطَعٍ فنيَّة.

٢- هُوَ لم يفعلْ شيئًا في خدمةِ بلدِه ....

٣- تَمَّ فَتْحُ مِصرَ .... القائِدِ المسلمِ عمرو بنِ العاص.

بعد القراءة الثانية.

٦ اقرأ التعريف، ثم اكتب اسم الشخصية المقصودة:

التعريف	اسم الشخصية
١- مِن أشهرِ كُتّابِ الشِّعر الشعبيِّ في الوطن العربي.	....
٢- الأسكتلنديُّ مخترعُ جهازِ الهاتِفِ «التليفون».	....
٣- أوّلُ رائدةِ فضاءٍ في التّاريخ.	....
٤- العلّامَةُ والمؤرِّخُ والفيلسوفُ العربيّ	....

٧ اقرأ الحَدَث، واكتُبْ تاريخَ حُدوثِه:

الحَدَث	تاريخه
١- السباقُ العالميّ للسيارات «الفورمولا».	....
٢- معركَةُ بَدْرِ الكُبرى.	....
٣- العيدُ الوطنيُّ الخمسون للجمهورية التونسية.	....
٤- عيدُ الأسرة.	....
٥- يوم الأرض «التضامن مَعَ الشعب الفلسطيني».	....
٦- افتتاحُ بُرجِ «إيفل»	....

٨ صنِّف العبارات الآتية حسب الحقول التي في الصندوق:

أدب - عِلم - رياضة - اجتماع - طبيعة - سياسة - دين

اكتب الحقل بجوار العبارة المناسبة.

١- مولد أول رائدة فضاء.	....
٢- كسوف كُلّي للشمس.	....
٣- عيدُ الأسرة.	....
٤- مَوْلِدُ أحدِ أشهرِ كُتاب الشِّعرِ الشَّعبيّ.	....
٥- معركةُ بدرٍ الكُبرى.	....
٦- يوم الأرض.	....
٧- دَوْرَة ألعابِ الكومنولث بأستراليا.	....

الدرس ٥٩ بِناءُ الأفعال التي تنصبُ مفعولَيْن للمَجهول

٩ ادرس

(أ) البناء للمعلوم

١- وَهَبَتِ الدَّوْلَةُ (فاعل) الفلاحين (مفعول به أول) أرضًا (مفعول به ثانٍ).
٢- حسِبَ أحمدُ أخاه غنيًّا.
٣- أعطتِ المعلِّمَةُ الطالباتِ واجبًا.
٤- جَعلَ المزارعون الصحراءَ جنَّةً.
٥- ألْبسَتِ الأمُّ (فاعل) الطفلَ (مفعول به أول) معطفًا (مفعول به ثانٍ).

(ب) البناء للمجهول

١- وهبَ الفلاحون (نائب فاعل مرفوع بالواو) أرضًا (مفعول به ثانٍ).
٢- حُسِبَ الأخُ غنيًّا.
٣- أُعْطِيَتِ الطالباتُ واجبًا.
٤- جُعِلَتِ الصحراءُ جنةً.
٥- أُلبِسَ (فعل مبني للمجهول) الطفلُ (نائب فاعل مرفوع بالضمة) مِعطفًا (مفعول به ثانٍ).

١٠ ابنِ الأفعالَ الآتيةَ للمجهولِ، وبيِّن نائِبَ ا لفاعلِ، والمفعولَ به الثاني:

١- ظَنَّ المسافِرون القطارَ سَريعًا. ....
٢- مَنَحَ الرئيسُ العالِمَ جائزةً. ....
٣- رَأتِ الصَّحفِيَّةُ السُّكوتَ مفيدًا. ....
٤- أعطى السّائِقُ الراكبَ تذْكرَةً. ....
٥- جعلتِ الخادِمةُ الغُرفَةَ مُرتَّبَةً. ....
٦- كَسا الغنيُّ الفقيرَ بدْلَةً. ....
٧- حَسِبَ المتسابقَون الجوَّ معتدِلاً. ....
٨- ألْبَسَ الأَبُ ابنَه حذاءً جديدًا. ....

١١ (أ) أكمل العبارات الآتية بمفعول به ثانٍ مناسب من الصندوق:
(ب) ابنِ الأفعال في العباراتَ للمجهول واضبط نائب الفاعل:

بطلاً – جائزةً – قليلاً – نظيفاً – مزرعةً – سهلةً

١- رأى العمالُ الراتِبَ ....
٢- ظَنَّ اللاعبون المباراة ....
٣- وَهَب الجَدُّ الحفيدَ ....
٤- حَسِبَ الابنُ أباهُ ....
٥- جعل العمالُ الشارِعَ ....
٦- أعطت المديرةُ الفائزة ....

١٢ ابنِ الأفعال في الجمل الآتية للمعلوم، وعيِّن الفاعل والمفعول به:

الفاعل ↓ المفعول به ↓

١- قوبلَ الصَّحفِيّونَ بالترحيب. قابَلَ الحاكِمُ الصحفيِّين بالترحيب.
٢- عومِلتِ الزوجاتُ بالرحمة. ....
٣- حورِبَ الفسادُ في البلاد. ....
٤- شوهِدَ المهرِّجون في السيرك. ....
٥- يُحْتَرَمُ المدرِّسون. ....
٦- تُنوولَ الغداءُ في المعطم. ....

القواعد:

- عند بناء الفعل الذي ينصب مفعولين للمجهول: يصير المفعول الأول نائب فاعل، ويبقى الآخرُ مفعولاً ثانيًا.

أولاً: قبل الاستماع:

١٣ أجبْ عن الأسئلةِ الّتي تسمعها من المعلم. (شفهيًا).

ثانياً: استمعْ إلى النَّصّ جيدًا، ثم أجبْ عَنِ الأسئلة.

والآنَ. أكملْ كُلَّ عبارةٍ من العباراتِ الآتيةِ بكلمةٍ أو كلمتَيْن:

١- يكتُب المدرسُ أوامِرَ علَى ....

٢- أوّلُ مكانٍ بَحَثَ فيه التلاميذُ هُوَ ....

٣- وَصَلَ تلميذٌ إلى الخِزانَةِ أولاً وأخَذَ ....

٤- تقولُ البطاقة: «ابحَثْ عن الكنزِ في المكتبةِ عَلى ....

٥- أخيرًا ... وَجَدَت تلميذةٌ الكَنْزَ في ....

١٤ (أ) ابحث في المربعات عن تعابير يتكوَّن كل منها من كلمتين.

(ب) ارسم دائرة حول حروف التعبير، ثم اكتبه على السطر.

ط	ص	ب	ا	ح	ا	ل	خ	ي	ر	و	١- صباح الخَيْر
أ	هـ	ل	ا	و	س	هـ	ل	ا	ع	ق	٢- ....
ظ	ج	م	ع	ا	ل	س	ل	ا	م	ة	٣- ....
ف	ر	م	ض	ا	ن	ك	ر	ي	م	ث	٤- ....
د	ز	ص	ك	ي	ف	ا	ل	ح	ا	ل	٥- ....
ض	ف	ع	ي	د	س	ع	ي	د	ل	م	٦- ....
ا	م	ن	ف	ض	ل	ك	ب	ت	ح	ر	٧- ....

(ج) استعمل أحد التعابير في جملة من عندك.

....

١٥ قل رأيك.

١- لِمَ يحتفلُ النّاسُ بذِكرى مولِدِ عُظَماءِ البِلاد؟

٢- ولِمَ يحتفِلون بِذِكرى وَفاتِهم؟

٣- ما أهمُّ شخصيةٍ أدَّت خدمةً عظيمةً للبشريةِ في رأيك؟ وضِّح السَّبَب.

١٦ اختر شخصيةً من الشخصياتِ الّتي خدَمَت البشَرِية، واكتب عنها وعن أعمالها وإنجازاتها نحو ٥٠ كلمة: (ثمانية أسطر)

يمكنك الاستعانَةَ بالمكتبة، أو بالشَّبكَةِ العالمَيَّةِ للاتِّصالاتِ «الإنترْنِتْ».

القسم الرابع

الدرس ٦١ النَّقلُ وَالمُواصَلات

قبل القراءة الأولى

١ أجب.

- ١- ما أغلى وسيلة مواصَلات في العالَم؟ وما أرخصُها؟
- ٢- مَتى يستعملُ الناسُ الحيواناتِ في نقل بضائِعهم؟
- ٣- ما وسيلةُ المواصلاتِ العامةُ التي يستعملُها الناسُ أكثَرَ من غيرها في بلدك؟
- ٤- كيفَ استطاعَ الإنسانُ أن يصِلَ إلى القمر؟

٢ اقرأ.

١ هُناكَ ثلاثَة أنواع رئيسةٍ للنَّقل: البرِّيّ، والمائِيّ، والجَوِّيّ. والنقلُ البرِّيُّ أكثرُها انتِشارًا. وهُوَ قِسمان: قسمٌ يعملُ بِمُحرِّكٍ، وهُوَ الأسرع، وينقُلُ حُمولةً أكثرَ، ويُكلِّفُ أكثَرَ. فالسياراتُ والحافلاتُ والشاحِناتُ تحتاجُ إلى طُرُق، والقِطاراتُ تحتاجُ إلى خُطوطِ السِّكَكِ الحديديَّة، والطائِراتُ تحتاجُ إلى مطارات، والسُّفُنُ تحتاجُ إلى مَوانِئ.

٢ تنقُلُ القطاراتُ عَددًا أكبرَ منَ الرُّكاب، وبضائعَ أثْقلَ منَ الشاحِنات. لكنَّ الشاحناتِ تنقلُ البضائعَ من البابِ إلى الباب، ولا تستطيعُ القطاراتُ ذلك. ويستعملُ كثيرٌ منَ النّاسِ في بعض البلاد الدَّراجاتِ في الانتقِال إلى أعمالهم، وَهِيَ وسيلةٌ رَخيصَةٌ وصِحّية. أمّا القِسمُ الآخرُ منَ المواصَلاتِ البرِّيّةِ فهوَ النَّقلُ عن طريق الحيواناتِ مثلِ الجمال والحَميرِ والخُيولِ والفيلَةِ والثّيران، ويكونُ ذلكَ في البلاد التي لَيْسَ فيها طُرُقٌ حَديثَة، مثلَ الصَّحارِي والجِبال والغابات.

٣ قبل مئة سنَةٍ اخترَعَ الإنسانُ الآلَةَ البخاريَّةَ الّتي تحرِّكُ السُّفُنَ والقطاراتِ، وأصبحتِ

القسم الرابع

النَّقلُ وَالمُواصَلات

السُّفُنُ أكبرَ وأسرعَ. والناسُ يستعمِلون السُّفُنَ للنَّقلِ في البِحار والأنهارِ والقنَواتِ والبُحيرْات. ويُمكنُ للسفينةِ الكبيرةِ أن تعْبُرَ المُحيطات.

٤ يعتمَدُ النَّقْلُ الجوِّيُّ عَلى الطَّائرات. وَهيَ أسرعُ وسيلةِ نقل في العالم، وكثيرٌ مِنها ينقلُ الرُّكاب. فالمسافةُ الّتي تقطعهُا السفينةُ في عدَّةِ أيّام تقطعُها الطائِرةُ في ساعات. والنَّقلُ الجوِّيُّ أَغلى أنواعِ النقلِ، أمّا النَّقلُ المائِي فهو أرخَصُها جَميعًا.

٥ وَسائِلُ نَقلِ الرُّكابِ نوْعان: المواصَلاتُ الخاصَّةُ، والمواصَلاتُ العامَّة. يستخدِمُ رُكابُ المواصَلاتُ الخاصَّة مَركباتِهُمْ الشخصية وَهِيَ السَّيارات والدَّراجاتُ العادِيَّةُ والآليَةُ. والمُواصَلاتُ العامَّةُ ثَلاثَةُ أَنواع: داخِلَ المُدُن، وَبَيْنَ المُدُن، وَبيْنَ البلاد. يستعمِلُ النّاسُ الحافِلاتِ وقِطاراتِ الأنفاقِ داخِلَ المُدُن. ويستعملونَ الحافِلاتِ والقِطاراتِ والطّائِراتِ في النقل بَيْنَ المُدُن. وتنقُلُ المراكِبُ النهريّةُ عدَدًا قليلاً مِنَ الرُّكاب، وتنقلُ الطائراتُ والسُّفُنُ الكبيرةُ الرُّكابَ والبضائِعَ بَيْنَ بلادِ العالم المختلفَة.

٦ في عام ١٩٦١ م بدأت رِحْلاتُ الإنسانِ إلى الفَضاء وفي عام ١٩٦٩م حَملَت الصَّواريخُ روّادَ الفَضاءِ إلى القَمَر. وفي هذِه الأيّام انتشرَتْ وَسائلُ المواصِلاتِ الحديثَةِ في العالَم، وازدحمَتْ بها المُدُن، ولكنَّ هذِهِ الوَسائِلَ تُسبِّبُ مُشكلاتٍ خَطيرَة. فهي تقْتُلُ وتجرحُ وتلوِّثُ الجوَّ بالدُّخانِ، وتستهلِكُ كثيرًا من الطّاقَة. ويعْملُ المُهندسونَ الآنَ عَلى صُنْعِ وَسائِلِ مُواصَلاتٍ أكثَرَ أمْنًا وَسُرْعَة، وَأقَلَّ في استِهلاكِ الطّاقَةِ وتَلْويثِ البيئَة.

٣ استخرجْ من النصِّ الألفاظَ التي تُؤدّي كُلاًّ من المعاني الآتية:

١- .... : عَلى الأرضِ (فقرة ١).

٢- .... : جِهازٌ يُحرِّكُ وسائِلَ المواصلات (فقرة ٣)

٣- .... : ابتكَرَ (صَنَعَ) شيئًا لأوّل مَرَّة (فقرة ٣)

٤- .... : تضَعُ فيه أوْساخًا وَموادَّ سامَّة (فقرة ٦)

٥- .... : قوةٌ حراريَّةٌ أو كهربائِيَّة (فقرة ٦)

٤ (أ) هات مفردَ كلِّ كلمةٍ من الكلماتَ الآتية:

مَوانِئ	صَحاري	صَواريخ	رُكّاب	أنفاق

(ب) املأ الفراغَيْن في العبارة الآتية بمفردٍ وجمعٍ مناسِبَيْن منَ الكلمات السابقة:

الإسكندريَّةُ .... كبيرٌ مِن .... البحرِ الأبيضِ المتوسِّط.

٥ استخرِجْ من النّصِّ المضادَّ في المعنى لكُلِّ كلمةٍ مما يأتي، ثُمَّ ضَعِ المضادَّ في جملةٍ من عندِك:

١- غالِيَة (فقرة ٢): .... الجملة: ....

٢- أخفُّ (فقرة ٢): .... الجملة: ....

٣- أَبْطَأُ (فقرة ٣): .... الجملة: ....

٤- أكثَرُ (فقرة ٦): .... الجملة: ....

بعد القراءة الثانية.

٦ ضع في المربع علامة (✔) أو (✘)، ثم صحّح الخطأ:

	صحيح أو خطأ	التصحيح
١- وسائِلُ نَقل الرُّكابِ ثلاثَةُ أنواع	☐	....
٢- من الوسائل العامَّة الدّراجات.	☐	....
٣- نَستَخدِمُ الحافلاتِ في النقل داخلَ المُدُن.	☐	....
٤- النقلُ المائيُّ أكثرُ وَسائِلِ النقل انتشارًا.	☐	....
٥- تنقلُ القطارات البضائعَ منَ الباب إلى الباب.	☐	....
٦- يُعدُّ النَّقلُ الجوِّيُّ أغلى أنواعِ النَّقل.	☐	....

٧ هذه ستَّةُ عناوينَ مقترَحة لفقْرات الموضوع.

اكتب رَقْمَ الفقرةِ في الدائرة بجوارِ كُلِّ عنوان:

(أ) النقل البرِّيُّ ◯
(ب) مشكلات المواصلات ◯
(ج) النقل عن طريق الحيوانات ◯
(د) وسائل نقل الرُّكاب ◯
(هـ) النقل الجوّيُّ ◯
(و) النقل المائيُّ ◯

٨ املأ الجدول الآتي مستعينًا بما جاء في النص:

وسائل النقل
- ....
  - سيارات، دراجات
- عامة
  - داخل المُدُن
    - ....
    - ....
  - ....
    - قطارات
    - ....
  - .... البلاد
    - ....
    - ....

٩ ادرس

(أ) الفعل المضارع المجزوم بالسكون

١- لم يُهْمِلْ محمودٌ دُروسَه.

لا الناهية

٢- لا تَتَكلَّمْ في أثناء الشرح.

٣- لتُحافِظْ على نظامِ المرور.

لام الأمر — فعل مضارع مجزوم بالسكون

١٠ أعد الجمل الآتية مبتدئًا بالأداة التي بين القوسين، مع ضبط الفعل بعدها بالشكل:

١- أنتَ تسرعُ بسيارتك في وسط الزحام. (لا) ....

٢- ينبغي أن تَتَصدَّقَ عَلى الفقراء. (لـ) ....

٣- يرجعُ خالدٌ من السفر. (لم) ....

٤- تقرأُ بصوتٍ مُنْخفِضٍ. (لا) ....

٥- يجب أن تحترِمَ أستاذَكَ. (لِـ) ....

٦- يَدْرُسُ سميرٌ في الجامعة. (لم) ....

٧- تكتبُ رسالةً إلى أسرتِك. (لِـ) ....

٨- تَسألُ عَن شيءٍ لا يخُصُّك. (لا) ....

١١ املأ الفراغ باختيار الفعل المناسب مما بين القوسين:

١- لَمْ .... خالدًا في المكتبة. (أقابلُ - أقابِلْ - أقابِلَ)

٢- لِـ .... واجبَكَ نحو بَلَدِك. (تَعْمَلُ - تعْمَلْ - تعمَلَ)

٣- لَنْ .... نَجوى في رِحْلَةِ المدرسة. (تشتركُ - تَشْتركْ - تشترِكَ)

٤- أنا لَمْ .... هَذا القوْلَ في أوّلِ الأمر. (أصدِّقُ - أُصدِّقْ - أصَدِّقَ)

٥- زارت كريمةُ المكتبةَ لِـ .... القصة. (تقْرأُ - تقْرأْ - تقْرأَ)

١٢ أدخل «لا» الناهية على الجمل التالية، ثم اضبط الفعلَ بعدَها بالشَّكل:

١- سأنفِقُ كُلَّ مصروفي في العطلة. لا تُنْفِق كُلَّ مصروفِكَ في العطلة.

٢- سأذهبُ إلى الريف غدًا. ....

٣- سأركَبُ حافِلَةَ المدرسة. ....

٤- سأكتُبُ التعبيرَ بُسْرعَة. ....

٥- سأقْذِفُ الكرةَ بعيدًا. ....

٦- سأستيقِظُ من النوم متأخِّرًا. ....

القواعد:

١- يكون الفعل المضارع مجزومًا إذا كان مسبوقًا بإحدى الأدواتِ الآتية: (لم ، لام الأمر ، «لا» الناهية).

٢- يُجزَمُ الفعلُ المضارعُ (الصحيح الآخر) بالسُّكونِ، مثل: (لَمْ يكتبْ أحمَدُ الدرسَ)

أولاً: قبل الاستماع:

١٣ أجبْ عن الأسئلةِ الّتي تسمعها من المعلم. (شفهِيًّا).

ثانيًا: استمع إلى النص الآتي، ثم اكتب رقم السؤال في الدائرة بجوار الجواب المناسب:

(أ) السيارة والقطار ◯

(ب) سريعة ومريحة ◯

(ج) الطائرة والصاروخ ◯

(د) بطيئة ومتعبة ◯

(هـ) المركَب والسفينة ◯

(و) نوعان ◯

١٤ يحتوي الشكل على أسماء سبع من المواصلات الحديثة تنتهي جميعًا بتاء مربوطة:

أكمل الكلمات بكتابة الحروف في المربعات:

اكتب الكلمة بجوار التعريف، ثم صل بين الكلمة والصورة:

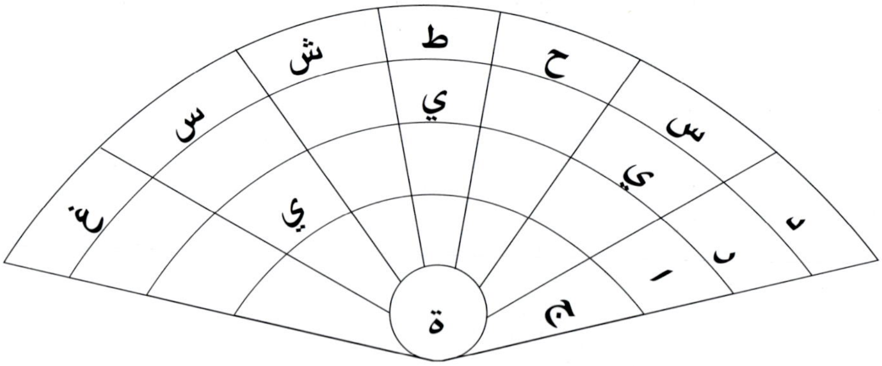

١- نركَبُها وذاتُ عجلتَيْن: دَرّاجَة

٢- منَ المواصلاتِ الخاصّة: ....

٣- مُواصَلَةٌ عامَّةٌ داخِلَ المُدُن: ....

٤- أسرعُ وسيلة مواصلات: ....

٥- وسيلة برّية لنقل البضائع: ....

٦- وسيلة نقل مائية: ....

٧- وسيلة نقل تَحت المَاء: ....

١٥ تَحدَّثْ:

١- اِحكِ قصةً أعجبتك.

٢- أُذكرْ خبرًا مهمًّا سمعتَهُ أو قرأته.

٣- صِفِ الشارعَ الّذي فيه بيتك.

٤- تكلَّم عن كتابٍ تحبُّه.

٥- تحدَّثْ عَن بِرنامجٍ تلفزيونيٍّ تُفَضِّلُهُ.

٦- صِفْ حادِثًا شاهدتهُ في الطريق.

١٦ وازِنْ بينَ الصورتَيْن في نحو ٤٠ كلمة:

....

....

....

....

....

....

....

....

....

....

الوَعْد (قصة)

قبل القراءة الأولى

١ أجب.

١- ما المقصودُ بعنوانها «الوعد»؟
٢- ما الحادثُ الذي تعرَّضَ له أيمن؟
٣- ما الرياضةَ التي يمارسها أيمن؟
٤- ما سببَ إنشغالِ الأبِ عن ابنِهِ؟
٥- الهديةَ التي تلقّاها الابن من أبيه؟

٢ اقرأ.

١ أيمنُ صَبيٌّ في الرابعةَ عشرةَ منْ عُمُره. وَقَعَ لهُ حادِثٌ أصابَ ساقَه إصابةً خطيرةً جعلَتْهُ لا يستطيعُ المشْيَ. كانَ والدُهَ يعمَلُ سائِقًا في جيْشِ بِلادِه، يَقودُ السَّياراتِ الحربيَةَ الكبيرة. أخذَهُ والدُه إلى المستشفياتِ لعلاجِ ساقِه بلا فائِدة.

قالَ الطبيبُ: «هذا الكَسْرُ يَحتاجُ إلى وقْتٍ طَويل، وعَزيمةٍ قويَّةٍ من أيْمن». حَزنَ أيمنُ عَلى نَفْسِهِ حُزنًا شَديدًا، وابْتَعَدَ عَنِ النّاس، وجَلَسَ في منزله لا يُريدُ أنْ يخرُجَ حتَّى لا يُقابلَ أصدقاءَهُ ويَرَوْا ساقَهُ المكسورَة. وكانَ يَقضي وَقتَهُ في البُكاء.

٢ كانَ أيَمنُ سبّاحًا ماهرًا، يشتَرِكُ في مُسابقاتِ السِّباحة، ويكسِبُ الجوائِزَ، وكانَ يستعِدُّ للبُطولَةِ الدَّوليَّة. لكِنَّ الحادِثَ مَنَعَهُ منْ تدريباتِ السِّباحَة. وكانَ ذلكَ أكبرَ أسبابِ حُزْنِه.

اشتَرَى والدُ أيمنَ لهُ عكازَيْن لِيَستعملَهُما في المَشْي. كانَ أيمنُ لا يُحِبُّ مُقابلَةَ النّاس، فَتَركَ الدِّراسةَ وتدريباتِ السِّباحَة. كانَ أبوه يُشجِّعُهَ عَلى الخروجِ إلى المجتمَع، ويصحبُهُ إلى المستشفى للعِلاج، حَتَّى تقْوَى ساقُهِ، ويتَدَرَّبَ عَلى المشْيِ بِها، ويُواصِلَ حَياتَهُ الطَّبيعيَّةَ كَما كانَ يفعَلُ قبلَ الحادِثَ.

٣ في يوْمِ أخبرَهُ أبوهُ أنَّهُ ذاهِبٌ إلى المعرَكَةِ للدِّفاعِ عنْ بلَدِه. طَلَبَ الأبُ مِن ابنِهِ أن يَترُكَ اليأسَ ويَتَمَسَّكَ بالصَّبر، ويواصِلَ دراسَتَهُ، ويَسْتَمِرَّ في تدريباتِ السِّباحَةِ لِيُحقِّقَ أمنيتَه، ويُصْبِحَ بطلَ

الوَعْد (قصة)

البلادِ للشبابِ منْ سنةٍ. وعَدَ أيمنُ أباهُ أنْ ينفِّذَ ما طلبَهُ منْهُ، وقالَ لَهُ: «اذهَبْ –يا والدي إلى ميْدانِ القتالِ، وَدافِع عَنْ بلدِنا، واهْزم الأعداءَ، وإن شاءَ اللّه عندما تعودُ ستجدُني قدْ حقَّقتُ ما وَعَدْتُك به». ثُمَّ تعانَقَ الاثنان.

٤ وَدَّعَ أيمنُ أباهُ، وشَدَّ عَلَى يدِهِ بقُوَّةٍ. كانَ الأبُ متأثّرًا لأنَّهُ سيَترُكُ ابنَه المصابَ وَحيدًا لأوَّلِ مرَّةٍ في حياتِه. كانَ أيمنُ يَتيمَ الأُمِّ، وَكانَ عليْهِ أن يُدبّرَ أمورَ حَياتِهِ بنَفْسِه، ويُواصِلَ دراستَهُ في المدرَسَة، وتدريباتِه في النّادي القريبِ من مَنزلِه. وَجدَ أيمنُ صُعوبَةً شديدَةً في أوَّلِ الأمر. بَعْدَ وَقتٍ تعَوَّدَ أيمنُ. وكانَ يؤدّي تدريبَه كُلَّ يَوْم. أفادَ التَّدريبُ أيمنَ، وأصبَحَ يَمشي منْ غيرْ عكّازٍ، لكنْ كانَ يعْرُجُ قليلاً. وكانَ والدُهُ يُرسِلُ لهُ أوّلَ كُلِّ شَهرٍ مبلغًا منَ المالِ يكفيهِ في حياتِه، وَكانَ يُرسلُ معَهُ رِسالَةً يُطمْئِنُهُ وَيُشجِّعُه.

٥ انتهتِ المعركةُ، وانتصَرَ الجيْشُ، وَبدأَ الضُّباطُ والجنودُ يَعودونَ إلى أُسرهِم. في يومٍ كانَ أيمنُ يستعدُّ للمسابقَةِ الكُبرى. وَصَلَ أبوه، وتعانَقَ الاثنان، وجلَسَ الأبُ وابنهُ يحكي كُلٌّ منهما للآخرِ ما فَعلَهُ وشاهَدَهُ في الشهورِ الأخيرة. فرحَ الأبُ عندما عَلمَ بنجاحِ ابنِهِ في الامتحان. وزادَ سُرورُه لمّا رآهُ يمشي مِنْ غَيْر أنْ يَعْتمدَ علَى شيءٍ. في المساءِ، اصْطحَبَ الأبُ ابنهُ إلى المسبَحِ الكبير. هُناكَ المسابقةُ النهائيَّةُ في السِّباحة. سارَ أيمنُ معَ والدِهِ يُفكِّرُ في الامتحانِ الصّعبِ الّذي سيدْخُلُهُ بعدَ قليل.

٦ اشترَكَ أيمنُ في جَميعِ المُسابقات. فازَ في السِّباحَةِ الحُرَّة، ونالَ الكأسَ، وصَفَّقَ لهُ الجميعُ. هَنَّأَ المدرِّبُ أيمنَ، وطَلَبَ منْهُ أن يستعدَّ للاشتراكِ في المسابقةِ الدولية للشَّبابِ بعدَ شهرٍ. خرَجَ أيمنُ وأبوه منَ المسبحِ الكبيرِ يشْعرانِ بالسَّعادَة. قالَ الأبُ لابنِهِ: «أنا سَعيدٌ لأنكَ وَعدْتَني وَوَفيْتَ بوَعدِكَ، والآنَ جاءَ دَوْري. سنَذْهَبُ إلى السّوق، ونشتَري جهازَ الحاسوبِ الّذي وعدْتُكَ به». في تِلكَ اللّيْلةِ جَلَسَ أيمنُ أمامَ الحاسوبِ وإلى جوارِه والدُهُ يُشاهِدُ ما يؤدّيهِ من ألعاب. وقبلَ أن يذهَبَ الاثنانِ إلى النَّوْم، كتَبَ أيمنُ عَلى شاشةِ الحاسوبِ بخطٍّ كَبير: «شُكرًا، يا والدي الحبيب».

٣ صِلْ بين الكمةِ والشَّرحِ أو التعريف:

١- يُنفِّذُ	(أ) أخَذَ ، حَصَلَ عَلى
٢- نالَ	(ب) قريبًا مِنْهُ
٣- إلى جوارِهِ	(ج) مِقدارٌ (مِنَ النُّقود)
٤- مَبْلَغ	(د) حَدَثَ، حَصَلَ
٥- وَقَعَ (لَهُ)	(هـ) يُؤَدّي ويعملُ المطلوبَ منه

٤ هاتِ من القصةِ مُرادِفًا لكُلِّ كلمَةٍ مِمّا يأتي:

١- من الفقرة رقم ١: يَقدِرُ:.................................. يَسوقُ:..................................

٢- من الفقرة رقم ٢: تتمَرَّنُ:.................................. يَستَمِرُّ:..................................

٣- من الفقرة رقم ٣: الحَربُ:.................................. تَرجِعُ:..................................

٤- من الفقرة رقم ٤: يمارِسُ:.................................. نَفَعَ:..................................

٥- من الفقرة رقم ٥: يقُصُّ:.................................. سَعِدَ:..................................

٦- من الفقرة رقم ٦: كَسَبَ:.................................. يُحِسُّ:..................................

٥ صِلْ بَينَ الكلمةِ ومضادِّها في المعنى:

أمَلٌ	يَخسِرُ	اِقْتَرَبَ	باعَ	سُهولَةٌ
اشتَرَى	يفوز	صُعوبَةٌ	ابتعد	يَأسٌ

(ب) استعمل إحدى الكلمات ومضادها في جملتَينْ من عندك:

الكلمة: .... الجملة:..................................

المضادّ: .... الجملة:..................................

بعد القراءة الثانية.

٦ ضع في المربع علامة (✔) أو (✘)، ثم صحّح الخطأ:

	صحيح أو خطأ	التصحيح
١- أصابَ الحادثُ ذِراعَ أيمن.	☐	....
٢- مَنَعَ الحادِثُ أيمنَ مِن تدريباتِ السِّباحَة.	☐	....
٣- كانَ والدُ أيمنَ يعْملُ مُمرِّضًا في الجيْش.	☐	....
٤- ساعَدَتْ تَدريباتُ السِّباحَةِ في شِفاءِ أيْمَن.	☐	....
٥- فازَ أيْمَنُ في سِباحةِ المسَافاتِ الطَّويلَةِ	☐	....

٧ هذهِ ستّةُ عناوينَ مُقتَرَحَة لِفقراتِ القِصة. أكتب أرقام الفقرات في الدوائر بجوار العناوين:

(أ) العُكّازان ◯
(ب) الامتِحانُ الصَّعْب ◯
(ج) لا تيْأسْ ◯
(ج) حَياةٌ جَديدَةٌ ◯
(هـ) شُكرًا ، يا والِدي ◯
(و) الساق المكسورة ◯

٨ أجب:

١- كَيفَ تصرَّفَ أيمنُ بعدَ الحادِثِ مُباشرةً؟

....

٢- ما أكبَرُ أسبابِ حُزْنِ أيمن؟

....

٣- بِمَ وَعَد أيمنُ أباهُ؟

....

٤- كَيْفَ وَفى أيمنُ بوَعْدِه؟

....

٥- ما رأيُك في شخصِيَّةِ أيمن؟

....

الدرس ٦٧ (ب) مِن أدواتِ الشرطِ الَّتي تجزِمُ فعلَيْن

٩ ادرس

أداة الشرط — فعل الشرط مجزوم بالسكون — جواب الشرط مجزوم بالسكون

١- إن تخلصْ في عملِك تَسْعَدْ في حياتَك.

٢- مَتى تُحْسِنْ معاملةَ صديقِك يخلِصْ لَك.

٣- مَنْ يَجْتهِدْ ينجحْ.

٤- ما تَقْرَأْ مِن كُتُبٍ توسّعْ مدارِكَكَ.

٥- مَهْما تعمَلْ من خَيْرٍ يُقدِّرْه الناس.

٦- أينما يذهبْ أحمدُ يُقابِلْ أصدقاء.

٧- حَيْثما تسافِرْ تكسبْ ثقافَةً.

أداة الشرط — فعل الشرط مجزوم بالسكون — جواب الشرط مجزوم بالسكون

١٠ عيِّنْ أداةَ الشرط وفعل الشرط وجوابه فيما يأتي:

	أداة الشرط	فعل الشرط	جواب الشرط
١- مَتى تَحسُنْ أخلاقُك يكثُرْ أصدقاؤك.	....	....	....
٢- أيْنَما يجلِسْ يحترِمْهُ الناسُ.	....	....	....
٣- إنْ تمارِسْ الرِّياضَةَ تَنْشَطْ.	....	....	....
٤- مَتى تَقرأْ الصُّحُفَ تعرفْ أخبارَ العالم.	....	....	....
٥- ما تأكُلْ من فاكهةٍ تنفعْ صِحَّتَكَ.	....	....	....
٦- مَنْ يَنتَبِهْ إلى الشَّرح يفهمْ الدرسَ.	....	....	....

١١ املأ الفراغَ بفعلِ الشرطِ المناسبِ مضبوطًا بالشكل:

١- مَتى .... إلى شَرح المعلِّمةَ تعرفِ المطلوب.

٢- إنْ .... في عملِكَ يحترِمْكَ الناسُ.

٣- مَهْما .... مِن سِرٍّ يعلمْهُ التلاميذ.

٤- مَتى .... الخير تُكافَأْ علَيْه.

٥- أينما .... أجلِسْ معك.

٦- مَنْ .... عَلى النِّظامِ يسْلَمْ منَ الخَطَر.

١٢ حوّل ما يأتي إلى جُمَلٍ شَرطيَّة مستعينًا بما بَيْنَ القوسين ومغيرًا ما يلزم:

١- تشهدَ بالحقِ - يعرف القاضي المجرم. (مَتى) ....

٢- ينتَشِرُ الأَمْنُ - يُصبحُ الناسُ في سلام. (إنْ) ....

٣- تساعدُ المحتاجَ - يَشْكُرُك. (إنْ) ....

٤- يُحافظُ عَلى صَّحته - يَسْلمُ منَ المَرضَ. (مَنْ) ....

٥- تكتُبُ مِن موضوعاتٍ - تتقدمُ كتابَتُكَ (مهما) ....

٦- تتجوّلُ في الحديقة - تشاهِدُ أزهارًا. (أينما) ....

القواعد:

١- مِن أدوات الشرطِ التي تجزم فعلَيْن: إنْ، مَتَى، مَنْ، ما، مَهْما، أيْنَما، حَيْثُما.

٢- جميع أدوات الشرط أسماء ما عَدا (إنْ)، ومعانيها كما يلي:

إنْ: حرف يربط الشرط بالجواب، ولا يَدُلُّ على شيء.

مَن: تَدُل على العاقل.

ما، مهما: تدُلّان على غير العاقل.

متى: تَدْلُّ على الزمان.

أينما، حيثما: تدُلّان على المكان.

أولاً: قبل الاستماع:

١٣ أجبْ عن الأسئلةِ الّتي تسمعها من المعلم. (شفَهِيًّا):

ثانيًا: استمع إلى الموضوع الآتي، ثم أجب عن الأسئلة:

أكمل العبارات التي تسمعها باختيار الإجابة المناسبة من الصندوق:

درجةً درجة - الفصل - طابور الصباح - ذِراعَه - الدِّراسَة

١- تكملة العبارة الأولى: ....

٢- تكملة العبارة الثانية: ....

٣- تكملة العبارة الثلاثة: ....

٤- تكملة العبارة الرابعة: ....

٥- تكملة العبارة الخامسة: ....

١٤ (أ) انظر إلى قائمة الحروف والأرقام واقرأ العبارات، واكتب الحروف والكلمات على السطر:

١	٢	٣	٤	٥	٦	٧	٨	٩	١٠	١١	١٢
ط	ج	س	ف	د	ي	ل	ح	ا	ق	ر	ة

(ب) صِل بين وسيلةِ المواصلات والعبارة المناسبة.

٣	٦	٩	١١	١٢
س	ي	ا	ر	ة

١- سيارة : تستعملها الأسرة

١٠	١	٩	١١

٢- .... : يمشي على القُضبان

٥	١١	٩	٢	١٢

٣- .... : يركبُها الركّاب من الموقِف

٨	٩	٤	٧	١٢

٤- .... : لها عجلتان

١٥ تَحدَّثْ:

أَجرِ مُكالمةً هاتفيةً مع زميلٍ لَكِ بحيثُ تشمل:

أ- التحية

ب- الذَّهاب لزيارةِ صديقٍ مُصابٍ بكسرٍ في المستشفى.

ج- تحديدَ موعِد اللقاء.

د- وَسيلةَ المُواصَلاتِ.

هـ- الهَديةَ التي ستشترَكانِ في شِرائِها لهذِهِ المناسَبَة.

١٦ (أ) انظر إلى الصورة، وضع عنوانًا مناسِبًا لها.

العنوان: ....

(ب) صف الصورة في نحو دقيقتينْ.

(ج) اكتُبْ نحوَ ٥٠ كلمةً في وَصفِ الصّورة:

....

....

....

....

....

....

....

....

....

....

....

....

الإنسانُ وَالبيئَة

قبل القراءة الأولى

١ حاول أن تعرف.

- ١- معنى كلمة بيئة. ٢- عَلاقة الغاباتِ بإقامة المدن.
- ٣- كيفَ يحصُلُ الإنسان عَلى الملح.
- ٤- إحدى طُرُقِ توليد الكهرباء.
- ٥- كيفَ يتغلبُ الإنسان على زِحامِ المدينة.

٢ اقــرأ.

١ البيئةُ هيَ مكانُ إقامةِ الإنسانِ، وكُلُّ شيءٍ يُحيطُ به. وَهِيَ تكونُ طبيعيَّةً كالأشجارِ والبحارِ، أو صِناعيَّةً منْ عمَلِ الإنسانِ كالمدُنِ والطُّرقِ السَّريعَة. يحفرُ النّاسُ المناجِمَ للحُصولِ عَلى الفحْمِ الّذي نَستعملُهُ في الوَقود، والحَديدِ الّذي نستخدمُهُ في الصِّناعَة، وكذَلِكَ الذَّهبُ والفِضَّةُ والماس. يَحفِرُ الإنسانُ الآبارَ في الصَّحراء، ليحصُلَ عَلى الماءِ الّذي يَستفيدُ منه في الشّرب، وفي ريِّ الأرضِ للزراعة. فيزْرَعُ الحُبوبَ كالقَمحِ، ويغرِسُ الأشجارَ والنخيل.

٢ يَقطَعُ الإنسانُ أشجارَ الغاباتِ ليَستفيدَ منْ أخشابِها في صِناعَةِ الأثاثِ والوَرَقِ، وبناءِ السُّفُنِ والبُيوتِ الخَشَبيَّة، ولِيَستعملها في إشعالِ النّارِ للطَّبخِ والتّدفِئة. يَصطادُ الصَّيّادون حَيوَاناتِ الغابةِ ليَستفيدوا مِن لحُومِها وَجُلودِها وَفِرائِها، أوْ ليَضعوها في حَدائِقِ الحَيَوانِ، أو ليدرِّبوها ويَعرِضوها في السّيرك. يُزيلُ النّاسُ أشجارَ الغاباتِ لِيستخدموا أرضَها في إقامَةِ

المُدن، وإنشاء المزارِع، ومَدّ الطُّرُقِ السريعةِ بَيْنَ البلادِ المختلفة.

٣ يَصْنَعُ الناسُ المراكِبَ والسُّفُنَ الكبيرةَ لنَقْلِ الرُّكابِ والبضائعِ بَيْنَ المُدُنِ المطلّةِ عَلى البحارِ والمحيطاتِ في البِلاد المختلِفة. يتناولُ الناسُ في كثيرٍ من البلادِ السّاحليّةِ الأسماكَ وغَيْرَها من حيواناتِ البَحر. لذَلِكَ يَصطادُها الصيّادون بكثْرَةٍ وبطُرُقٍ مُختلِفة. يملأ الإنسانُ مِساحاتٍ واسعَةً من الأرض بماءِ البَحرِ، ويعرِّضُهُ للشَّمسِ، فَيَتَبَخَّرُ الماءُ ويبقَى المِلحُ. تُنَقّي المصانعُ الملحَ، وَيُصبحُ صالحًا للأكل.

٤ يَبْني الناسُ السُّدودَ عَلى الأنهار، ليكوِّنوا خَلْفَها بُحيرَةً كبيرةً مِن المياهِ لاستعمالِها في الشُّربِ والزِّراعَةِ وتَربِيَةِ الأسماك. يَستفيدُ الإنسانُ من الانحدارِ الشَّديدِ للمياهِ مِنَ الشَّلالات والجِبالِ في توليدِ الكهرَباء. تُساعدُ الكهرَباءُ في إنارَةِ المُدُنِ، وإقامَةِ الصِّناعاتِ المختلِفَة. يَحفِرُ الإنسانُ الآبارَ ليحْصُلَ عَلى المياهِ الجَوفيّة، ويَتَغَلَّبَ عَلى قلَّةِ المياهِ الصالحَةِ للشُّربِ والزِّراعَة.

٥ يُنشئُ النّاسُ المُدُنَ في الأماكِنِ القَريبةِ من الماءِ والزِّراعة، مثل أوديةِ الأنهار. وَيبني الإنسانُ فيها البيُوتَ والعماراتِ وناطِحاتِ السَّحابِ والمدارِسَ والمصانِعَ. يَتَغَلَّبُ الإنسانُ على زِحامِ المدينةِ، فيقيمُ الميادينَ، ويبني الجُسورَ، ويُنْشِئُ قِطاراتِ الأنفاقِ الّتي تَنْقُلُ الرُّكاب تحتَ الأرض. يحفِرُ الإنسانُ الأنفاقَ في الجِبال، وتحتَ المُدُنِ والأنهار، ويُنشِئُ الطُّرقَ حَوْلَ الجبالِ لِيَرْبِطَ الأماكِنِ والقُرى المختلفةِ بَعضِها بِبعض.

٣ صِل بينَ الكلمةِ والشَّرحِ أو التعريف:

١- مَنْجَمٌ	(أ) يقطعُ ويمحو تمامًا
٢- وَقود	(ب) يحُدُّها البُحر وتقَعُ عَلى حُدودِه
٣- يُزيلُ	(ج) هُبوطٌ شديدٌ في مجرَى النَّهر
٤- ساحِلِيَّة	(د) مكانُ وجودِ المعادِن
٥- شَلاّلٍ	(هـ) مادَّةٌ يتولَّدُ باحتراقِها طاقةٌ حراريةٌ كالبِتَرول

٤ هاتِ مرادِفًا لكلِّ كلمةٍ مما يأتي:

١- من الفقرة رقم ١ : سَقْيٌ: .... أيضًا : ....

٢- من الفقرة رقم ٢ : طَهْيٌ: .... يُمَرِّنُ: ....

٣- من الفقرة رقم ٣: تُنظِّفُ: .... يأكُلُ: ....

٤- من الفقرة رقم ٤ : إنتاجٌ: .... يُنْشِئُ: ....

٥ اذكر جمعَ كلِّ كلمةٍ مما يأتي، واكتبه بجوارها:

١- وادٍ: .... ٦- فَرْوٌ: ....

٢- جِسْرٌ: .... ٧- جِلْدٌ: ....

٣- ميدانٌ: .... ٨- بِئْرٌ: ....

٤- قَرْيَةٌ: .... ٩- صَحْراءُ: ....

٥- نَهْرٌ: .... ١٠- مزرعةٌ: ....

بعد القراءة الثانية.

٦ ضع في المربع علامةَ (✔) أو (✘)، ثم صحّح الخطأ:

	صحيح أو خطأ	التصحيح
١- أهمُّ فِكرةٍ في النَّصِّ تعريفُ البيئَة.	☐	....
٢- يدُلُّ النصُّ عَلى أنَّ الإنسانَ يحافظُ على البيئَة.	☐	....
٣- يزيلُ الناسُ أشجارَ الغابات لينظفوا المكان.	☐	....
٤- يولِّدُ الإنسانُ الكهرباءَ منَ الشلالاتِ.	☐	....
٥- يحفِرُ الإنسانُ الآبارَ ليحصُلَ عَلى المِلح.	☐	....

٧ هذه خمسةُ عناوينَ مقترحةٍ لفقراتِ الموضوعِ السّابق. اكتُبْ رقمَ الفقرةِ في الدائرةِ بجوارِ كلِّ عُنوان.

◯ (أ) الإنسانُ والبَحار
◯ (ب) الإنسانُ والماء
◯ (ج) الإنسانُ والأرض
◯ (د) الإنسانُ والمُدُن
◯ (هـ) الإنسانُ والغابات

٨ اُرسُمْ دائرةً حول ح (حقيقة) أو ر (رأي).

	حقيقة	رأي
١- تسيرُ قطاراتُ الأنفاقِ تحْتَ الأرضِ دائمًا.	ح	ر
٢- قِطاراتُ الأنفاقِ تنقلُ الناسَ أسرعَ من السيارة.	ح	ر
٣- يتبخَّرُ الماءُ عندَما نُعرِّضُهُ لأشعَّةِ الشمس.	ح	ر
٤- جميعُ أهلِ البلادِ الساحليةِ يُحبّون السمك.	ح	ر
٥- يستفيدُ الإنسانُ من الأخشاب في صُنْعِ الأثاث	ح	ر

(ج) مِن أدوات الشَّرطِ التّي لا تجزِم

٩ ادرس:

أداة الشرط — فعل الشرط — جواب الشرط

(أ) إذا أحْسَنْتَ إلى الفقيرِ أحبَّكَ اللّه.

إذا أسْرَعْتَ لحقْتَ بالقطار.

(ب) لو تتعاونُ الشعوبُ تتقدَّمُ.

لو ساعدُ الناس بعضُهمُ بعْضًا انتشَرَ الحُبُّ.

أداة الشرط — فعل الشرط — جواب الشرط

١٠ اخترْ فعل الشرط أو جوابه من الصندوق، واملأ به الفراغ:

نبَتَ - أحبَّكَ - انْتَشرَ - ابْتَعدَ - عمِلْتَ - اسْتَراح

١- إذا أخْلَصْتَ إلى صَديقِكَ ....

٢- لَوْ قالَ المتَّهَمُ الحقَّ .... القاضي.

٣- إذا نزَلَ المطَرُ .... الزَّرْعُ ونَما.

٤- لَوْ أكثرْتَ منَ العتابِ .... عَنْكَ الأصدقاءُ.

٥- إذا .... عمَلاً صالحًا كسَبْتَ رِضاءَ المجتمع.

٦- لو .... التعاوُنُ الدَّوْليُّ قلَّتْ أسبابُ الحُروب.

١١ صِل لتكمل أساليب الشرط:

ضع خطًّا تحت فعل الشرط، وَخطَّين تحت جواب الشرط:

١- إذا سَمِعَ الطُّلابُ النداءَ	(أ) تَنْعَمُ بالسباحةِ والمرَح.
٢- لَوْ تفْعَلُ الشَّرَّ	(ب) يُكافئُه أبوهُ.
٣- لو يَنجَحُ خالدٌ	(ج) تتخلق بأخلاقهم.
٤- إذا زادَتِ الرَّواتِبُ	(د) أقبلوا عَلى المدرِّب.
٥- لوْ تذْهَبُ إلى شاطِئ البحرِ	(هـ) فَرِحَ الموَظَّفون.
٦- لو تُصادِقُ الكرامَ	(و) تحْصُدُ النَّدَمَ.

١٢ هاتِ أساليبَ للشرْطِ مستعملاً كُلَّ أداةٍ مما يأتي:

ضع خطًّا تحت فعل الشرط، وخطِّين تحت جوابه.

١- إنْ ....

٢- مَنْ ....

٣- لَوْ ....

٤- ما ....

٥- متى ....

٦- إذا ....

٧- أينما ....

٨- مَهْما ....

القواعد:

- من أدوات الشرط التي لا تجزم «إذا» و «لو».

أولاً: قبل الاستماع:

١٣ أجبْ عن الأسئلةِ الّتي تسمعها من المعلم: (شفهيًّا).

ثانيًا: استمع إلى القصة الآتية، ثم أجب عن الأسئلة باختصار:

١- ما اسم بائع الجرائد؟ ....

٢- ماذا وَجَدَ البائع؟ وأين؟ ....

٣- مَن يَركَبُ الحافلَةَ؟ ....

٤- مَن صاحبُ المحفظةِ؟ ....

٥- هَل أخذَ بائعُ الجرائِدِ نُقودًا؟ ....

١٤ جوْلةُ أُسرةِ عمَرَ

- اقرأ خطَّ السَّير وارسُمْه: (اختر أقصر طريق).
- أُكتُب الأرقام في الدوائِرِ حسب الترتيب:

خط السير:

١- خَرجَتِ الأسرة من البيت إلى المستشفى.

٢- ذَهبَتْ إلى السوق.

٣- مرَّتْ بالجزار ثم الخباز.

٤- ذهَبَتْ إلى المحطةِ ثم رَجَعَتْ إلى البيت.

١٥ نفِّذ التعليمات الآتية:

١- اِمسكْ قلمك.

٢- قِفْ خارجَ مقعَدكَ.

٣- سِرْ إلى الصَّفِّ الأخير في الفصل.

٤- قدِّم قلَمكَ إلى أقرب طالب.

٥- عُدْ إلى مقعَدِك.

٦- ضَعْ كتابَ اللغةِ العربيةِ في حقيبتِك.

١٦ انظر إلى الصورتين جيدًا، ثم وازن بينهما شفهيًا:

(ب) اكتب فقرة عن كل صورة (نحو ٢٥ كلمة) موضحًا ما يفعلُهُ الإنسانُ في بيئتِهِ:

....
....
....
....
....
....
....

....
....
....
....
....
....
....

قبل القراءة الأولى

١ أجـب.
- سببَ رحلةِ العصفورة نورة.
- كم مكانًا مرَّت به في رحلتها.
- مشكلاتِ الحياةِ داخلَ المدن.
- وطنَها الشتويّ الجديد.

٢ اقـرأ.
- ما حدَثَ لَها بعدَ عوْدتِها إلى وَطَنها الأصليّ.

١ بَردَ الجوُّ، وبدأ سربُ العصافير يستعد لرحلته الطويلة إلى الأماكنِ الدافئة. العصفورة نورة سعيدة، فهي ستطير مع السِّربِ لأوَّلِ مرة. عند الفجر طار قائد العصافير ومن خلفه السِّربُ الكبير. ارتفعت العصفورة نورة في الجو، ونظرت أمامها فوجدت دخانًا أسودَ يخرُجُ من مداخِنِ المصانع، ويملأ الهَواءَ. عندما مرَّت العصفورة نورة بالدخان، أظلمت الدنيا، واختنق صدرها، وأخذت تَسْعلُ بشِدَّة، وقالت: «من الذي يرسلُ إلينا هذا الدُّخانَ القاتل؟!».

٢ استمرتِ الرحلةُ. وكانت نورةُ تطير فوق بحر كبير. رأت سُفُنًا تسيرُ فيه وتلقي بمخلَّفاتِها في الماء. ثم رأت سفينةً تغْرَقُ، وتغَطّي البحْرَ بسائل أسود يسميه الإنسان «البترول». بَعدَ قليل شاهدَت نورةُ سمكًا ميتًا يطفو فوق سطح الماء، ثم رأت بطًّا يُغطيه بترولُ السفينةَ الغارقة ولا يستطيعُ الطيران. واصَلَ سرب الطيورِ طيرانَه، وكانت نورةُ قد بدأت تشْعُرَ بالتعَبِ من طول المسافة. لكنها سمعت صوتًا عاليًا في الجوّ. ورأت بعد ذلك جسمًا كبيرًا له جناحان مثلَ الطائر يطير فوقها مباشرةً. كانت طائرةً ضخمةً. خافت نورةُ واقتربت منِ أُمِّها.

٣ واصَلَ السِّربُ طيرانَهُ إلى الشاطئِ الآخر عند مدينةٍ كبيرةٍ تُطلُّ على البحر. نزَلَ السِّربُ قريبًا منها ليستريح ويأكلَ وَيشرَبَ. سمعت العُصفورةُ ضوضاءَ عاليةً أصابتها بالصُّداعِ آتيةً من جهةِ

رحلةُ العُصفورَةِ نورَة

المدينة. عرفَت نورةُ أنَّ هذه الأصواتَ المزعجةَ تأتي من أبواقِ السَّياراتِ والحافلاتِ التي تَسيرُ في الشوارعِ، وَسمعتْ - كذَلِكَ - أصواتًا عاليةً تخرُجُ من مُكبرّاتِ الصوت. انزعجت نورةُ، وطارَت مع زميلاتها إلى الصحراء القريبة حيث الهدوءُ والراحة. وقفت نورةُ مع زميلاتها تلتقط بعض الحبِّ بجوار الطريق السريع. مرَّت سياراتٌ كثيرةٌ مُسرعةٌ يخرج منها دُخانٌ أسود استنشقت نورةُ هذا الدُّخانَ واختنقت، وقالت: «هذه الأجسام الكبيرةُ تُخرجُ أصواتًا مزعجة، ودخانًا قاتلاً أيضًا».

٤ واصَلَ السّربُ رحلتَهُ، ورأت العصافيرُ - وهي تطير - بحيرةً صغيرة، فهبطت مسرعةً نحوالماء لتشربَ. صاحَ قائد السِّرب: «لا يشربْ أحدٌ من هذا الماء». وأشار إلى بعض المصانعِ التي تُلقي في البُحيرَةِ بمخلفاتها، وقال: «هذا الماءُ ملوَّث. مَن يشربْهُ يَمُتْ». سألت العصفورة نورةُ القائد: «ومَن يفعَلُ كلَّ ذلك؟» قال: «إنه الإنسان. يلوّث الماء بالمخلّفات، ويلوِّثُ السماءَ بالدُّخانِ، ويملأُ المكانَ بالضوضاءِ والأصواتِ المزعجة». أمَرَ قائدُ السِّربِ العصافيرَ بالطيران

كانت نورةُ نشيطةً وهي تطيرُ فَوْقَ غابةٍ كثيرة الأشجار. نزَلَ السّربُ ليقيم في هذا المكان الدّافئ الجميل. نَشطَتِ العصافيرُ الجميلةُ في التقاط القش والحشائش التي ستبني بها أعشاشها في وطنِها الشتويِّ الجديد.

٥ مَرّت الأيام. وجاء الصيفُ بحرارته الشديدة، وأصبحت الحياةُ صعبةً. قال قائد العصافير: «يجب أن نستعدَّ لرحلة العَوْدة. الجوُّ هنا حارٌّ جدًّا، وهو هناك معتدل. وطنُنا ينتظرُنا، فهيّا بنا». كانت نورةُ تطيرُ مع السِّربِ بنشاط، وهي تشعر بالفرح والسعادة. طارت.. وطارت، ولم تشعُرْ بالتعب. كانت سعيدةً لأنها ستعودُ إلى وطنها الحبيب الذي وُلِدَتْ فيه، ونشَأَتْ مع صديقاتها. وكَبِرت... وطارت بين عصافير السِّرب. وصلت نورةُ مَعَ السِّربِ إلى الغابةِ حيثُ كانتَ العصافيرُ تَسكُن. لكنْ!! لم تجد العصافيرُ شجرةً واحدةً في المكان. جاء الإنسانُ وقطعها جميعًا ليصنع من خشبها بيتَهُ وأثاثَه. قال قائدُ السّرب: «إنه الإنسانُ الذي يهدم بيوتنا، وَيَصطادُنا، ويُتلِفُ بيئتنا. يجبُ أن نبحث لنا عن مكان آخرَ نُقيمُ فيه. هيّا.. فأمامنا عمَلٌ كثير».

٣ صل بين الكلمةِ والشرحِ أو التّعريف:

١- سِربٌ	(أ) ما يخرُجُ منَ بقايا الصّناعة
٢- مخلّفاتٌ	(ب) يُفسِدُ ويخرِّبُ.
٣- صُداعٌ	(ج) تربَّت وَكبرَت
٤- يُتلِفُ	(د) جَماعةٌ من ا لطيورِ أو الطائِرات
٥- نَشَأَتْ	(هـ) أَلَمٌ وَوَجَعٌ في الرَّأس

٤ هات من القصة مرادفًا لكل كلمة مما يأتي:

١- من الفقرة رقم ١: رَئيسٌ: .... وَراءَ: ....

٢- من الفقرة رقم ٢: يُشْبِهُ: .... يَعومُ: ....

٣- من الفقرة رقم ٣: شَمَّ: .... قادِمَةٌ: ....

٤- من الفقرة رقم ٤: تابَعَ: .... هَبَطَ: ....

٥- من الفقرة رقم ٥: تُحِسُّ: .... الطَّقسُ: ....

٥ (أ) صِل بينَ الكلمةِ وَمُضادِّها في المعنَى:

بُرودَةٌ	انخَفَضَ	أضاءَ	سَهْلَةٌ
إرتَفَعَ	صَعْبَةٌ	حَرارَةٌ	أظْلَمَ

(ب) استعملْ إحدى الكلمات ومضادَّها في جملةٍ واحدةٍ مِن عندِك:

....

بعد القراءة الثانية.

٦ ضع في المربع علامة (✔) أو (✘)، ثم صحّح الخطأ.

	صحيح أو خطأ	التصحيح
١- يقومُ سربُ العصافِيرِ برحلةٍ بسببِ بُرودَةِ الجو.	☐	....
٢- الصوْتُ العالي الذي سَمِعَتْهُ نورةُ وهي فَوْقَ البحر كان صوتَ سفينة.	☐	....
٣- تلوُّثُ ماءِ البحيرةِ بمخلَّفاتِ المصانِع.	☐	....
٤- كانَ الوطَنُ الجديدُ للعصافيرِ صحراءَ قريبةً من المدينة.	☐	....
٥- عندَما عادتِ العَصافيرُ إلى وطَنِها الأصلِيِّ وجَدَتْ أعشاشَها.	☐	....

٧ رتِّبِ الأفكارَ الآتيةَ حسبَ ورُودِها في القصة بكتابة الأرقامِ في الدَّوائِر:

◯ (أ) الوُصولُ إلى الوَطَنِ الشتوي.
◯ (ب) ماءُ البحيرةِ الملوَّثُ بمخلَّفاتِ المصانع.
◯ (ج) الإنسانُ الّذي قَطَع الأشجارَ وَهَدَمَ الأعشاش.
◯ (د) الدُّخانُ المتصاعدُ مِن مداخِنِ المصانِع.
◯ (هـ) الأصواتُ المزعجَةُ مِنَ الطائِرةِ الضَّخمة.

٨ ضع علامة (✔) في المربع بجوار الإجابة المناسبة:

١- أهمّ كلمة في الفقرة الثانية:

☐ (أ) طائِرة ☐ (ب) سَفينة ☐ (ج) سِرب

٢- أهمُّ فكرةٍ في الفقرة الثالثة:

☐ (أ) المدينة والصَّحراء ☐ (ب) الضَّوضاء والدخان ☐ (ج) الأكل والشرب

٣- الفكرةُ الرئيسةُ في الفقرة الرابعة:

☐ (أ) تلوّثُ البيئة ☐ (ب) بِناءُ الأعشاش ☐ (ج) ماءُ البُحيْرَة

٤- الفكرةُ الرئيسةُ في الفقرة الخامسةِ:

☐ السِّرب يبحثُ عن وطن جديد ☐ (ب) الجوُّ في الصيف حارٌّ جدًّا ☐ (ج) الإنسانُ يتلفُ الطبيعة

٩ ادرس أسباب اقتران جواب الشرط بالفاء:

أساليب الشرط	نوع جواب الشرط
١- أينما تذهبُ فإنَّ الطبيعَة جميلةٌ.	(جملة اسمية)
٢- مَتى تدْخُلِ الحديقَةَ فَنِعْمَ المنظر.	(جملة فعلية فعلها جامد)
٣- مَهْما تعْمَلْ منْ خَيْرٍ فلَنْ ينساهُ النّاسُ.	(جملة فعلية فعلها طلبي منفي)
٤- لوْ سافرْتَ فسوف تشاهِدُ ما يَسُرُّك.	(جملة فعلية مسبوقة بـ «سوفَ»)
٥- إنْ تُسرِعْ فستَصِلُ مُبكرًا.	(جملة فعلية مسبوقة «بالسّين»)
٦- إذا عَزَمْتَ فتوكّلْ على الله.	(جملة فعلية فعلها طلبي «أمر»)
٧- إنْ تعملْ بِجدٍّ فقَدْ يتَحقّقُ أمَلُك.	(جملة فعلية فعلها مسبوق بـ «قد»)

١٠ (أ) صل بين جُزْأَيْ أسلوب الشرط:

(ب) ارسم دائرة حَوْل فعل الشرط، وضع خطًّا تحت جواب الشرط:

(أ)	(ب)
١- إذا اشتَدَّ البرْدُ	(ب) تَصِلُ في الموعِد.
٢- منْ طلَبَ العُلا	(ب) فتعالَ مُبكرًا.
٣- لو تُسرعُ في المَشْي	(ج) فالنَّجاحُ حليفُكَ.
٤- إذا أردت الحضور	(د) سَهِرَ اللَّيالي.
٥- لو اجْتَهدْتَ	(هـ) فَقُم باستقبالهم.
٦- إذا وَصَل السُّياحُ	(و) فالْبَسْ مَلابسَ صوفِية.

١١ صل بين جزأي كل مثلٍ من الأمثال الآتية، وبيِّن سببَ اقترانِ جَوابِ الشَّرطِ بالفاء:

(أ)	(ب)
١- إذا كانَ الكلامُ من فضَّة	(أ) فقد ظَهَر المسروق.
٢- مَن أشبَهَ أباهُ	(ب) فَا طلُبْ ما يُستَطاع.
٣- إذا تَخاصَمَ اللِّصان	(ج) فَما ظَلَم.
٤- مَنْ دَلَّ على خَيْرٍ	(د) فَالسُّكوتُ مِنْ ذَهَب.
٥- إذا أَرَدْتَ أَنْ تُطاعَ	(هـ) فَلَهُ مثلُ أَجْرِ فاعِلِه

١٢ أكمل الأساليب الآتية بجواب شرط مقترن بالفاء:

١- إنْ تقْرَأْ كَثيرًا ....

٢- مَتى تمارسِ الرِّياضَةَ ....

٣- أينما يتجوّلْ في الرّيف ....

٤- لَوْ نَفَّذْتَ ما طَلَبَ الأستاذُ ....

٥- ما تتناولْ مِنْ دواءٍ ....

٦- إذا واصَلْتَ اجتهادَكَ ....

٧- مهما يَجمعْ المرْءُ مِن مالٍ ....

٨- إنْ تَتَفَوَّقْ في دراسَتِك ....

القواعد:

- قد يكون جواب الشرط فعلاً كما سبق.
- وقد يكون جملة فعلية، أو اسمية، وفي هذه الحالة يجب اقترانُ جوابِ الشرط بالفاء ليحصل بها الربط بين الشرط والجواب.
- يقترن جواب الشرط بالفاء في الأحوال الآتية:
  - ١- إذا كان جملة اسمية (١)
  - ٢- إذا كان جملة فعلية فعلها جامد (٢)، أو طلبي (٣)، أو منفي (٤)، أو مسبوق بالسين (٥) أو سوف (٦) أو قد (٧).
- إذا اقترن جواب الشرط بالفاء فلا يُجْزَم.

القسم الرابع

أولاً: قبل الاستماع:

١٣ أجبْ عن الأسئلةِ الّتي تسمعها من المعلم: (شفَهِيًا).

ثانياً: استمع إلى القصة التالية، وأجب عن الأسئلة باختصار:

١- ماذا كانَ الصيادُ يفعَلُ؟ ....

٢- كيفَ خرَجَ الأسدُ منَ القفَصِ؟ ....

٣- لِمَ لَمْ يرَ الصَّيّادُ الأسَدَ أوّلَ الأمرِ؟ ....

٤- ماذا فعَلَ الصيادُ عندَما رأى الأسدَ يَسيرُ نَحوَه؟ ....

٥- هَلْ أكَلَ الأسَدُ الصَّيّادَ؟ ....

١٤ صِلْ بينَ الحيوانِ وصورتِه واسم صغيره:

اسم الحيوان		اسم صغيره
١- أسَدٌ		(أ) حَمَلٌ
٢- خَروفٌ		(ب) مُهْرٌ
٣- جَمَلٌ		(ج) شِبْلٌ
٤- فَرَسٌ		(د) جَرْوٌ
٥- كَلْبٌ		(هـ) فَصيلٌ

١٥ قم بتَبادل الأسئلة والأجوبةَ مَع زميلٍ لك:

١- ما اسمُكَ؟
٢- ما هوايَتُكَ؟
٣- ما لُعْبَتُكَ المفضَّلَة؟
٤- ما عُنوانُك؟
٥- ما رَقْمُ هاتِفِك؟
٦- ما عَدَد أفرادِ أسرتِك؟
٧- كم أخًا وأختًا لك؟
٨- ما ترتيبُكَ بَيْنَ إخوَتِكَ وَأَخَواتِك؟

١٦ (أ) سجِّل المعلوماتِ المطلوبَةَ في الاستِبيانَة.

مَدْرَسَتي	
اسم المدرَسة:	....
اسم مُدير / مُديرةِ المدرسة:	....
اسم رائِد / رائِدة الصَّفّ:	....
عَدَدُ المدرِّسين:	....
عَدَدُ المدرِّسات:	....
عَدَدُ التَّلاميذ:	....
عُنوان المدرَسة:	....
مَباني المدرَسة:	....

(ب) اكتب فقرة قصيرة عن مدرستك مستعينًا بالمعلومات السابقة: (نحو ٣٠ كلمة)

....
....
....
....
....
....

الدرس ٧٧ الساعة (من موسوعة «العالم بين يديك»)

قبل القراءة الأولى

١ أجب.

- ١- كم ساعةً في اليوم؟
- ٢- كم دقيقةً في الساعة؟
- ٣- كم ثانيةً في الدقيقة؟
- ٤- أُذكُرْ أنواعَ الساعاتِ التي تعْرِفُها.
- ٥- ما نوعُ ا لساعةِ التي تفضِّلها: ذاتَ العقربين أو الساعة الرقمية؟ وضح السبب.

٢ اقـــرأ.

الساعة

ثَوَانٍ ثَمِينَة: هؤلاء الفَنيون يؤاقبون انطلاق سفينة فضائية. يالها من لحظة تحتاج إلى تركيز الذهن! إن أقل خطأ في حساب الوقت، سيؤدي إلى تغيير في مسار السفينة، أو إلى انفجارها في الهواء.

الساعة الرملية: هي آلة تتكون من وعاءَين من الزجاج فوق بعضهما، بينهما فوهة ضيقة ينساب منها الرمل في سرعة ثابتة، يمكن بها قياس زمن محدد. وعندما تقلب الساعة، يبدأ عملها من جديد.

ساعة جيب شمسية ومعها بوصلة

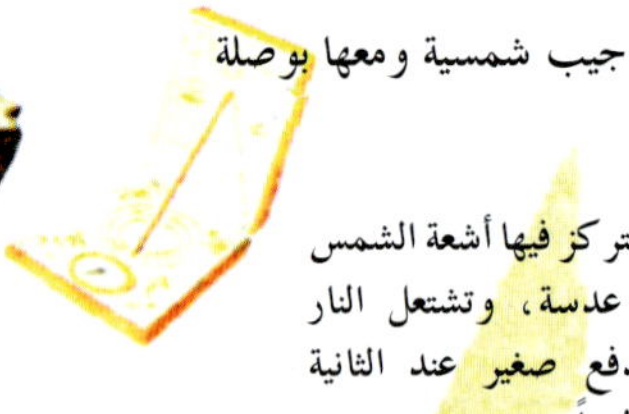

ساعة تتركز فيها أشعة الشمس خلال عدسة، وتشتعل النار في مدفع صغير عند الثانية عشر ظهراً

ساعة رملية

ساعة مائية

ساعة زيتية

الساعات الشمسية: كان القدماء يستعملون التقويم لحساب مرور الأيام والشهور، ثم اخترعوا الساعة الشمسية لحساب ساعات اليوم، بواسطة جسم يلقي ظلا متنقلا حسب موقع الشمس.

الماء والزيت: انظر إلى هاتين الساعتين العجيبتين: الأولى تدور بفعل قطرات الماء التى ترفع العوامة المتصلة بعقرب الساعة، والأخرى تشير إلى الوقت حسب استهلاك الزيت في مصباح مشتعل بصفة دائمة.

السّاعَة

برج فيه ساعة كبيرة بالنمسا

تمثالان من البرونز يشيران إلى الوقت، وهما في أعلى برج في البندقية.

ساعة ميكانيكية

ساعة إنجليزية من سنة ١٨٠٠، مجهزة بعدسة تعكس صورة وجه الساعة على جدار

الساعة الميكانيكية: تم اختراع الساعات الميكانيكية الأولى منذ أربعمائة سنة. وهذه نماذج منها.

فوق الأبراج: كانت الساعات الميكانيكية توضع فوق الأبراج. وكانت مجهزة بأجهزة تحرك تماثيل أشخاص كلما دقت الساعة.

يغرد طائر كل ساعة

ساعة نمساوية من سنة ١٦٦٥، تنزل إلى أسفل وهي تدور، وقوة الجاذبية هي التي تديرها

ساعة ألمانية للمنضدة (١٥٧٥)

ساعة جيب (١٥٨٠)

ساعة خزفية (١٦٣٠)

دائما أصغر: مع تقدم العلم، استطاع الإنسان أن يصنع ساعات صغيرة، منها الساعات اليدوية.

ساعتان يدويتان حديثتان

تشير العقارب كلها إلى نفس الوقت، ويديرها كلها جهاز واحد

ساعات غريبة: تفنن صناع الساعات في صنع ساعات لها أشكال غريبة، وهذه نماذج منها.

في الشوارع: في بعض المدن، تدور الساعات الموجودة في الشوارع بواسطة التيار الكهربائى، ويديرها كلها محرك مركزى، كما هو موضح في الرسم المجاور.

بدون عقارب: تشيربعض الساعات الحديثة إلى الساعة والدقيقة بأرقام متغيرة، وأحدثها هي الساعات الإلكترونية وساعات الكوارتز.

٣ (أ) اكتب في الدائرة الحرف الدال عَلى شرْحِ الكلمة أو تعريفها:

١- ثابِتَةٌ	◯	(أ) إبْرَةٌ في الساعَة تشيرُ إلى الساعاتِ، أو إلى الدقائِق
٢- تَقويمٌ	◯	(ب) لا تَتَغيَّر
٣- عَقْرَب	◯	(ج) سجلٌّ لأيّام السنةِ تُوَزِّعُه عَلى شهورها

(ب) ابحثْ في معجمك عن معنى / تعريفِ كُلِّ كلمةٍ مما يأتي:

٤- بُرْج: ....

٥- البُرُنْز: ....

٦- الجاذِبيَّة: ....

٤ صِلْ بينَ الكلمةِ ومرادِفها.

١- فُوَّهَةٌ	(أ) مُعَيَّنٌ
٢- يَنْسابُ	(ب) طاوِلَةٌ
٣- مُحَدَّدٌ	(ج) غاليةٌ
٤- منضَدَةٌ	(د) فَتحةٌ
٥- ثَمينَةٌ	(هـ) مُسْتمرَّةٌ
٦- دائِمَةٌ	(و) يَتسرَّبُ / يَسيلُ

٥ أكمل كلَّ جملةٍ مما يأتي بكلمة مناسبة من الصندوق:

الساعَةِ - ماءٍ - السَّفينَةِ - الزَّمَنِ - الذِّهْنِ

١- هَذا الامتحانُ الصعبُ يحتاجُ إلَى تركيز ....

٢- تَتَحكَّمُ الدَّفَّةُ في مَسارِ ....

٣- لتَعرفَ الوقتَ انظُرْ إلى عَقربَيْ ....

٤- يَحتاجُ الزَّرعُ في الجوِّ الحارِّ إلى كُلِّ قَطْرَةِ ....

٥- استخدَمَ القُدماءُ الساعَةَ الرَّمليَّة في قِياسِ ....

بعد القراءة الثانية.

٦ صحِّح الأخطاء في العبارت الآتية:

١- كانت الساعاتُ في أوّل الأمر صغيرةً، وصارت كبيرةً في عصرنا الحاضر.

٢- اخترعَ القُدماء الساعةَ الشمسيةَ لحسابِ الأيامِ والشهور.

٣- كانَ القدماءُ يستعمِلونَ التقويمَ لِحسابِ ساعاتِ اليوم.

٤- تدورُ الساعاتُ الموجودةُ في شوارِعِ المُدُنِ بواسطَةِ البِترول.

٥- لا توجَدُ ساعاتٌ حديثةٌ – الآن بدون عَقارِب.

٧ اذكرْ نوْعَ الساعةِ الّتي ذكَرَ فيها الموضوعُ كُلاًّ مما يأتي:

١- الظِّل: السّاعَة الشمسيِّة

٢- الأبراج: ....

٣- الجَيْب: ....

٤- اليَد: ....

٥- الأرقام: ....

٦- الكهْرَباء: ....

٨ اكتب في المربع الحرف الدّالَّ على التكملةِ المناسبةِ لكل عبارة مما يأتي:

١- تتكوَّنُ السّاعَةُ الرملِيةُ من	☐	(أ) عَن طَريقِ ظلٍّ مُتنقِّل.
٢- يعرف الناسُ الوقتَ بالساعة الشِّمسيةِ	☐	(ب) السّاعاتِ اليدَويَّة.
٣- تمَّ اختراعُ أوَّلِ ساعةٍ ميكانيكية	☐	(ج) بواسطة أرقام مُتَغيرّة.
٤- بتقدُّمِ العلْم استطعْنا أنْ نَصْنَعَ	☐	(د) وِعاءَيْنِ من الزُّجاج.
٥- تُشيرُ بعضُ الساعاتِ الحديثةِ إلى الوَقْتِ	☐	(هـ) مُنْذُ أَرْبَعمائةِ سَنَة.

الدرس ٧٩ الأفعالُ الخَمْسَةُ «رَفعُها، وَنَصبُها، وجَزمُها»

٩ ادرس.

(أ) الرفع

فعل مضارع مرفوع بثبوت النون

(ألف الاثنين)
١- الكاتبان يكتبانِ القصص
٢- أنتما تُنفِّذانِ المطلوب.

(واو الجماعة)
٣- هم يَتَعاوَنونَ في العمل.
٤- أنتم تُصدِّقونَ كل ما يُقال.

(ياء المخاطبة)
٥- أنتِ تُعامِلينَ الناسَ بالحُسْنى).

فعل مضارع مرفوع بثبوت النون

(ب) الجزم

فعل مضارع مجزوم بحذف النون

الكاتبان لم يَكتبا القصص.
لا تُصدِّقوا كلَّ ما يُقال.
لِتُعامِلي الناسَ بالحسنى.

فعل مضارع مجزوم بحذف النون

(ج) النصب

فعل مضارع منصوب بحذف النون

الكاتبان لَنْ يكتبا القصص.
اجتمعوا ليتعاوَنوا في العمل.
يجبُ أنْ تُنفِّذا المطلوب.

فعل مضارع منصوب بحذف النون

١٠ (أ) حَوّل إلى المثَنى وغيرّ ما يلزم:

١- الصّانِعُ يعملُ بإخلاص. ....
٢- المدرِّسةُ لم تُناقِشْ تلميذاتها. ....
٣- أنتَ لا تعْتمدُ على زملائك. ....
٤- هِيَ لَنْ تحصُلَ على أعلى الدرجات. ....

(ب) حوّل إلى الجَمع وغيرّ ما يلزم.

١- الطالِبُ يَجتهِدُ في دراستِه. ....
٢- هَذا المهندِسُ لم يتْقِنْ عملَه. ....
٣- هُوَ يُحِبُّ القِراءة. ....
٤- أنتَ لَنْ تفهَمَ القِصةَ. ....

١١ أعد العبارات الآتية مبتدئًا بما بين القوسين ومغيِّرًا ما يلزم:

١- أنتَ تحبُّ السَّفر. (أنتما) ....

٢- أنتُمْ تؤخِّرون أعمالكُم. (لا) ....

٣- هُوَ يَهْتَمُّ بالقراءة. (أنتِ) ....

٤- السائقُ يحترِمُ إشاراتِ المرور. (السائقان لم) ....

٥- هِيَ تُتقِنُ عملَها. (هُما) ....

٦- الفريقُ يلعَبُ بِمهارة. (الفريقان لا) ....

٧- أنا لَنْ أُسافِرَ غدًا. (أنتم) ....

٨- يا طالبُ، لِتنتبِهْ إلى الدَّرس. (يا طالِبةُ) ....

١٢ اكتب الأفعال المضارعة التي بين القوسين في الصيغة الصحيحة:

١- سَأنتظِرُهما حَتَّى (يصل) ....

٢- هُم لَم (يَحُلّ) .... المسألةَ.

٣- لا (تُهمِل) .... دروسكما.

٤- أنتُم لم (تَقوم) .... بالواجب.

٥- لِـ (يحترم) .... الكبارَ يا أولاد.

٦- انتبِهوا لِـ (يَفهم) .... الدرسَ.

٧- أنتُما لَن (يَشتَرِك) .... في المبارة.

٨- لا (يَتَأَخَّر) .... عن الاجتماعِ يا فاطِمَةُ.

القواعد:

- الأفعالُ الخمسةُ هي: كلُّ فعل مضارع يلتحقُ بألِفِ الاثنين للغائِبَيْنِ (هما يكتبان) (١)، أو المخاطَبَيْن (أنتما تكتبان) (٢)، وبواوِ الجماعة للغائبين (هم يكتبون) (٣)، أو المخاطَبين (أنتمْ تكتبون) (٤)، وكذلك ياء المخاطبة (أنتِ تكتبِين) (٥)
- تُرفعُ الأفعالُ الخمسةُ بثُبوتِ النّون. (يكتُبانِ، يَكتُبونَ، تَكتُبِينَ)
- تُجزمُ الأفعالُ الخمسةُ بحذفِ النّون. (لم تكتُبا ، لم تكتبوا ، لتَكتُبي)

الدرس ٨٠

أولاً: قبل الاستماع:

١٣ أجبْ عن الأسئلةِ الّتي تسمعها من المعلم: (شفهيًّا).

ثانيًا: استمعْ إلى الحوار جيدًا، ثم أجب عن الأسئلة:

اكتب في المربع رقم العبارة التي تسمعها والمناسِبَةِ للتكملةِ التي عندك.

(أ) .... ☐ وتشتركُ في حفلات المدرسة.

(ب) .... ☐ تحبُّ التقاطَ الصُّورِ في المناسبات.

(ج) .... ☐ الهواية الّتي يمارسُها.

(د) .... ☐ ويزورُ معارِضَ الفنانين.

(هـ) .... ☐ هو مشترِكٌ في جماعَةِ «تحسين الخُطوط».

١٤ استمع. أنشِد. احفظ:

حَفلَةُ نِهايَةِ العَام

يا مَعْهَـدي تَحِـيَّةً ... عَلى مَدى الأيّـــامِ
قَضيْتُ فيكَ سَنَـةً ... كالحُلْمِ في المَنام
وَقَد أقَمْنا حَفْلـةً ... عندَ انتِهاءِ العــامِ
فَجئْتُ أُلقي خُطْبَةً ... لِسادَتي الكِــرامِ
ضَمَّنتُها تَحِيَّـــتي ... في البَدْءِ وَالخِـتامِ

مدى الأيام: طولَ الوَقت

١٥ ماذا تقول؟!

١- وأنتَ تحيّي زميلاً جديدًا في أوَّل يوم دراسِيّ.

٢- لتستأذِنَ من مُدرِّسِكَ لِدخولِ الفصل.

٣- لتَتعجَّبَ من برودةِ الجوّ.

٤- لتتأسف لجارِكَ عن خطأ فعَلَهُ أخوكَ الصغير.

٥- لتطلُبَ لعبةً مِن بائِع اللُّعَب.

٦- لتدعوَ زميلكُ الجديدَ لزيارَتِكَ في بَيْتك.

١٦ انظر إلى الصور، واكتب فقرة عمّا فعلَتْهُ نهْلَةُ: (نحو ٥٠ كملة)

قائمة المفردات

- الترتيب المتَّبَع في القائمة ترتيب ألفبائي مَحض، يعني أن الكلمات مرتّبة حسب تتابع الحروف، واعتبار الحرف المشدَّد حَرْفًا واحدًا.
- الألِفُ الممدودةُ بعد الألف المهموزة.
- الحركات مرتَّبة وَفْق الآتي: الفَتحة، ثم الضمّة، ثم الكسرة، فالسّكون، فالشدّة، إذا كانت الحروف متماثلة.
- الرَّقْم الموجود إلى يسار اللفظ هو رَقْم الوحدة التي تدرّب على اللفظ.
- العلامات المستخدمة:

أ- .... / .... : للفعل الماضي والمضارع.

ب- (.....) : للتفسير.

قائمة المفردات

أ

قائمة المفردات

ن

هـ

و

ي

قائمة المفردات

Count down (Arabic school)

- 4 more weeks left = (4 more days) = 1 month

مطبعة مكتب التربية العربي لدول الخليج

الرياض ١٤٤١هـ / ٢٠٢٠م